仲間に「上手くなった」と言われる即効上達マニュアル

腕を振らなきゃゴルフは簡単

ゴルメカ
GOLF MECHANIC

中井 学

はじめに

皆さん、こんにちは。中井学です。「まなぶ」ではありません。「がく」と読みます。

私は現在、プロ、アマチュア両方のレッスンを行っていますが、私自身のスイング論はまったくの独学です。

1992年に渡米した私は、カリフォルニア州のシトラスコミュニティカレッジに入学しました。しかし、授業についていけず、2年目にはゴルフ部を休部扱いになってしまいました。そんなときに、小さい頃にケガをした左ヒジの手術を受け、6ヵ月のリハビリという辛い日々を過ごしました。ようやく治ったと思ったら、今度は右ヒジ骨折。全治3ヵ

月でした。

　治療期間も、実はゴルフをしていました。もちろん、痛いほうの腕は使えませんから、片腕でのゴルフです。片腕ではクラブが振れないだろうと思いつつも、どうしたら振れるのかを試行錯誤しました。

　こうして得た結論が、腕をまったく使わなくても、下半身を動かせば腕は勝手に振られるということでした。そして、両腕でクラブを持つときも、腕や手を意識して使おうとすると、様々な間違いが起こることにも気が付きました。

　この事実は、ケガがなかったら、きっと発見できなかったでしょう。米ツアーの選手たちのスイングも研究を重ね、私なりのスイング論に確証と確信を得ました。私の自信の一冊をぜひご一読ください。

中井　学

腕を振らなきゃ
ゴルフは簡単

CONTENTS

GAKU
NAKAI

第2章
中井学がコーチする「グリップとアドレスの基本」

第3章
中井学がコーチする「スイングの基本」

GAKU NAKAI

第4章
中井学がコーチする「フルスイングの完成」

GAKU NAKAI

Your golf swing changes.

GAKU NAKAI

G A K U　N A K A I

第１章

中井学がコーチする「ゴルフスイングのメカニズム」

ゴルフスイングにおける構えの姿勢とカラダの動き。

実際にクラブを持つと、なかなか理解しにくいポイントが多いものですが、クラブを持たずに学習することで、アドレスやスイングの本質を正しくマスターできます。

さあ、スイング作りの出発点の扉を開けましょう。

1 ゴルフスイング完成のカギは肩《けん》甲《こう》骨《こつ》と股《こ》関《かん》節《せつ》

スイングは全身運動と思われがちですが、実際には動かない部分もかなりあります。まず、カラダのどこが動くかを知りましょう。

POINT 2

ダウンスイング以降は左の股関節と肩甲骨が連動し、フィニッシュの位置へ一気に向かう

肩甲骨や股関節をスムーズに動かせるような姿勢が、アドレスの基本となる

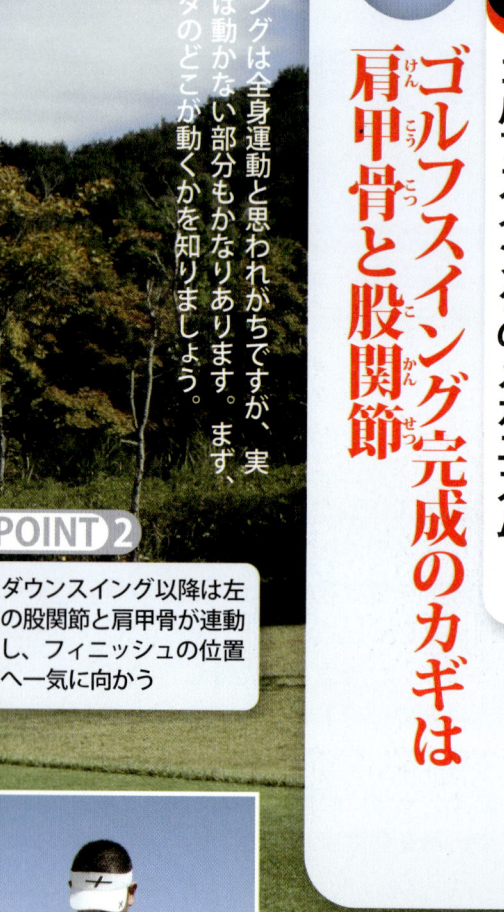

肩甲骨と股関節の能動的な動きによって、ゴルフスイングが成り立っている

第1章 ゴルフスイングのメカニズム

2 肩甲骨の動きによって腕は必然的にローテーションする

最初に、肩甲骨の使い方を学習しましょう。「肩の回転」とよくいいますが、左右の肩甲骨をダイナミックに動かす意識が大切です。

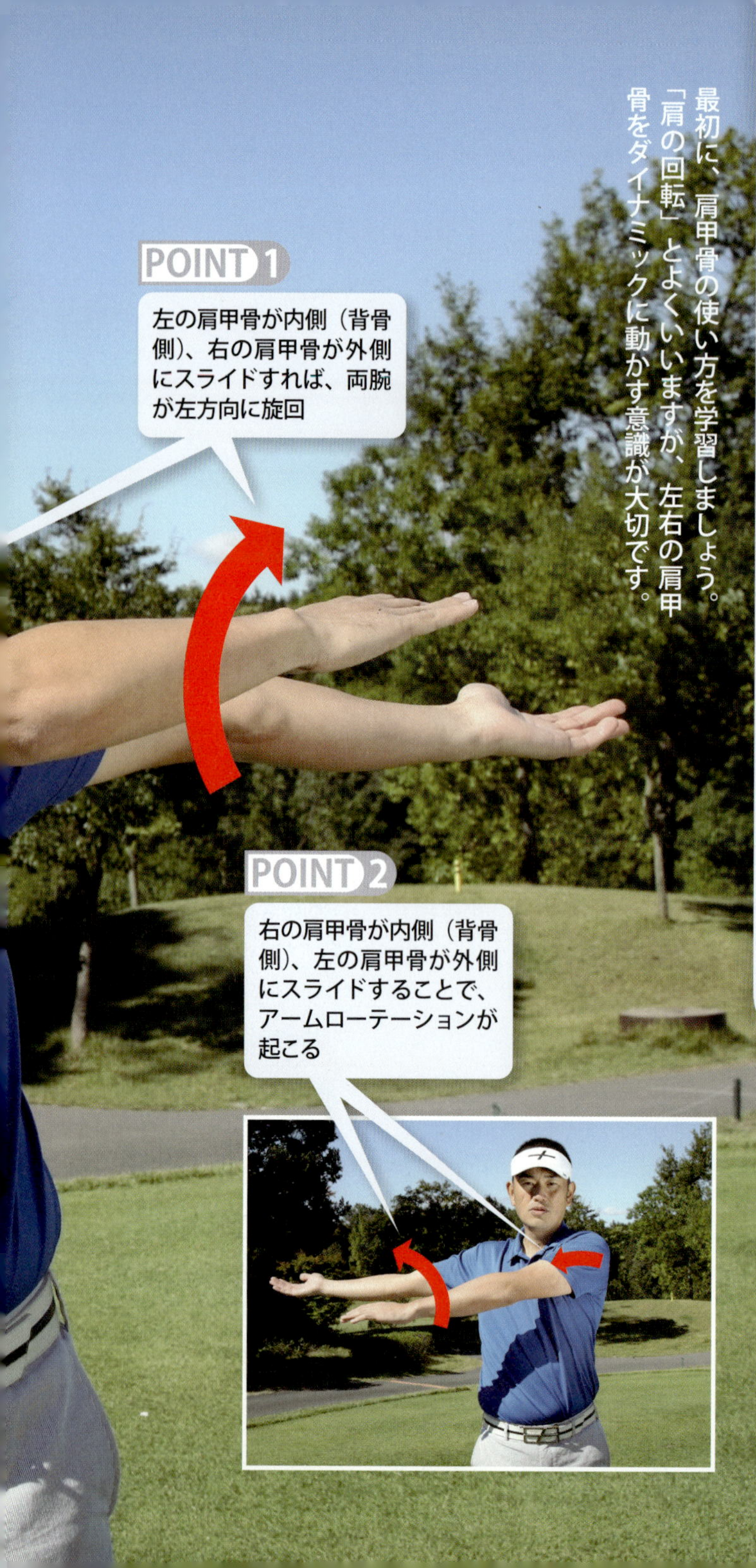
POINT 1
左の肩甲骨が内側（背骨側）、右の肩甲骨が外側にスライドすれば、両腕が左方向に旋回
POINT 2
右の肩甲骨が内側（背骨側）、左の肩甲骨が外側にスライドすることで、アームローテーションが起こる

最初に「前へ習え」の姿勢を作り、右の胸を大きく張るようにして右の肩甲骨を背骨側にスライド。これがバックスイングの原理

肩に力を入れると、肩甲骨の可動域が狭まってしまう

同じ要領で「前へ習え」の姿勢から、左の胸を大きく張って左の肩甲骨を後ろに動かせば、フォロースルーの動作がわかる

3 上体を前傾させて構えるには骨盤を必ず傾けることが肝心だ

アドレスでは前傾姿勢を作りますが、バランスよく構えるには腰のセッティングが重要です。骨格標本をイメージしてみましょう。

POINT 1

腰の後ろ側を意識して前傾姿勢を作ることが大切。背骨のラインに沿って骨盤を傾けよう

腰に負担がかからないような姿勢で構えることが大切。骨格標本をイメージすると、無理のない姿勢を理解しやすい

POINT 2

股関節をスムーズに動かせるように、骨盤を自然に広げるイメージで下半身をリラックス

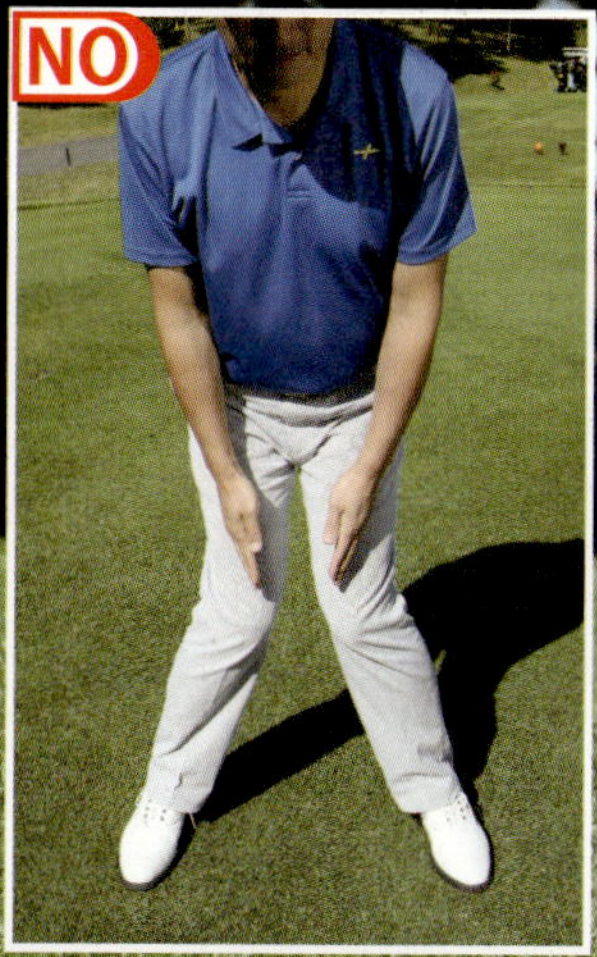

両ヒザを内側に絞ると、股関節の動きを妨げてしまう

4 腰を真下に落としながら前傾姿勢を作るのが正しい手順

アドレスの基本姿勢の作り方です。腰の前側よりも、お尻のほうを意識し、腰に負担がかからないように上体を前傾させましょう。

両足を肩幅くらいに広げ、股関節やヒザに無理な力が加わらないように上体を前傾させる

野球選手がゴロを取るように腰を自然に真下に下ろす感覚が、正しいアドレスを作るコツ

POINT 2

ヒザを伸ばしたままで上体を折ると、モモの後ろ側と腰のすぐ上に緊張が感じられ、腰痛を引き起こすケースが多い

POINT 1
背中を真っ直ぐにした直立姿勢から、ヒザを曲げて腰を落としながら、軽くお辞儀するように上体を折る

5

ゴルフスイングのメカニズム

骨盤をシーソーのように上下に動かして股関節の動きを理解

スイングの一番の動力となるのは下半身です。重心の平行移動が腰の回転につながることを理解してください。

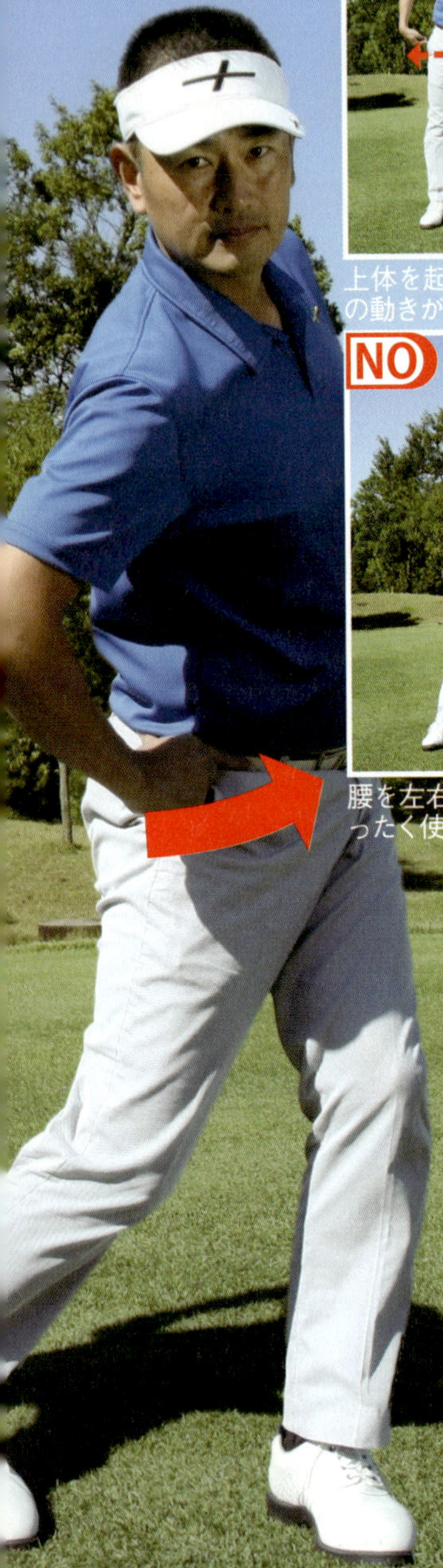

上体を起こして腰を左右に動かしてみよう。この動きが股関節の使い方の基本

腰を左右に回すだけでは、股関節は実際にはまったく使えていない

腰がスエーしてしまうのは、アドレスで骨盤を正しく前傾していないのが原因

POINT 1

前傾姿勢を作り、腰を左右に平行移動すると骨盤がシーソーのように動き、股関節の動きが感じられる

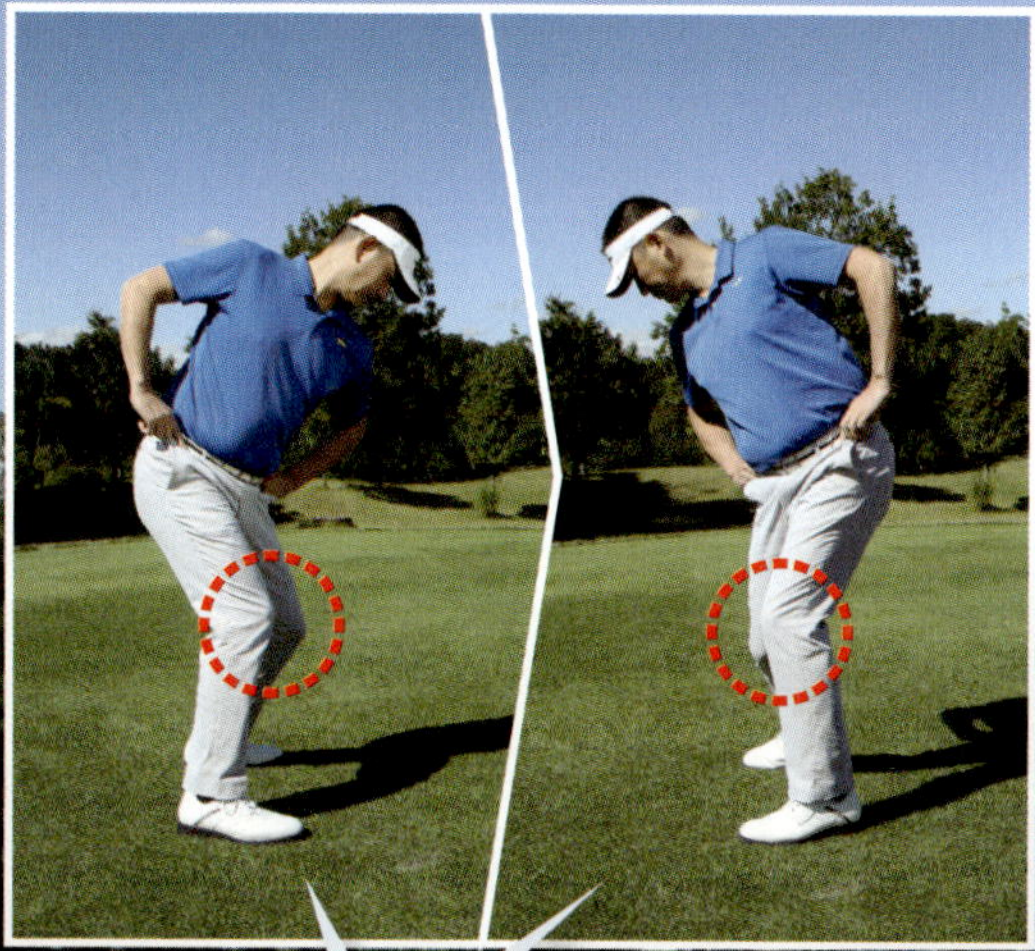

股関節が正しく使えれば、アドレス時の両ヒザのラインが、スイング中もあまり崩れない

POINT 2

腰がひけると両ヒザのラインが大きく崩れてしまい、フットワークが正しく使えない

6 下半身主導の動きで腕が勝手に振られる感じをつかもう

スイングは股関節の力感のある動きと、肩甲骨のダイナミックな動きがミックスしたもの。股関節を意識して腕を振ってみましょう。

POINT 2
骨盤を左に動かし、体重を左足に移動する動作に引っ張られて腕が遅れて下りてくる感じをつかむ

下半身の意識がなく、腕だけを大きく振ろうとするのは間違い

POINT 1

最初に骨盤を右に動かし、体重を右足に乗せる動作に引っ張られるように腕の振りをスタート

下半身の主導で腕を左右に振り続けてみよう。でんでん太鼓のように、カラダの中心が先に回転し、腕が回転に引っ張られる

7 骨盤を二軸とイメージすれば上体の一軸を一定に保ちやすい

軸のイメージを確立させる考え方です。スイングの軸となるのは背骨ですが、腰の部分は2本の軸をイメージするのもいいでしょう。

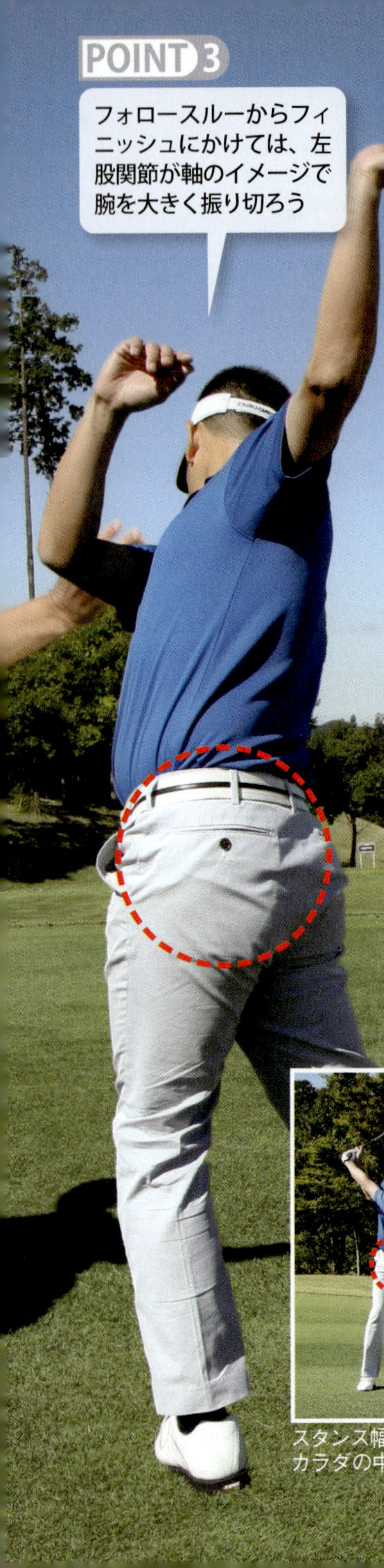

本来のスイング軸は、背骨と骨盤の中心を結んだラインだ

スタンス幅の中で左右の体重移動を実行すれば、カラダの中心軸が動かない

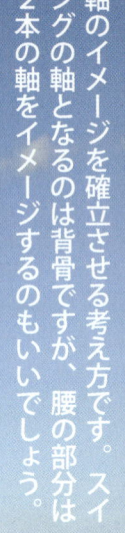

POINT 1
体重移動を使い、腕を徐々に大きく振る練習をしよう。バックスイングは右股関節が軸のイメージ
POINT 2
骨盤に2本の軸を想定するとフットワークがスムーズになり、本来の軸である背骨の位置を保ちやすい

8 バランスボールを使って反動を使った体重移動を体感

小さめのボールなら、なるべく重めのものを使うことです。右側と左側の両方に投げてみて、積極的なフットワークを体得しましょう。

バランスボールを両手に持ち、アドレスの姿勢を作ろう

いったんフォロースルー側に小さく振り出し、反動を使ってバランスボールを遠くに投げてみよう

POINT 2

目標側にもできるだけ遠くに投げてみて、切り返しからフォロースルーへの力感をつかむ

POINT 1

バランスボールを目標と反対側に放り投げて、テークバックの始動の力感を体感しよう

テークバックは重力に逆らってクラブを上げていく動き。フットワークを使ってクラブをしっかり振る意識が大切だ

NO

ゆっくりすぎるバックスイングは、手だけでクラブを上げてしまう危険がある

9 両手のひらを合わせて構え、スイングの格好をしてみよう

スイングの基本動作の仕上げです。両腕をなるべく伸ばし、小さめの振り幅で練習しますが、腕を意識して振らないことが大切です。

POINT 2

骨盤を左に動かして、左の肩甲骨を引く。胸が目標側を指す動きに同調して腕が振られる

インパクトのポジションでも、両手がアドレスと同じ向きに戻るようにする

股関節を使えば、腕がフォロースルー方向に出て行く

POINT 1

骨盤を右に動かし、右の肩甲骨を後ろ側に引くと胸が右を向いて腕が勝手に上がっていく

両手のひらを体の正面で合わせて、アドレスの姿勢を作る

無理にトップオブスイングまで上げなくてもいいから、骨盤と肩甲骨の動きをしっかり意識しよう

NO

ヒジが折れると両ヒジの間隔が変わり、肩甲骨が使えなくなる

両腕をできるだけ曲げず、両ヒジの間隔が変わらないように腕を振るのがポイント

10 重心の平行移動でスイングが成り立っていると考えよう

意識して動かす部位はみぞおちと骨盤だけでいい

ゴルフスイングを連想するとき、あなたはカラダのどこを動かすものと考えるでしょうか？　あるいは、カラダのどこの動きがもっとも大きいと考えますか？

肩を大きく回す。腕を大きく動かして振る。腰やヒザをいっぱいに動かす。ゴルファーによって、回答はまちまちでしょう。

スイングでもっとも大きく動くのは、肩甲骨と股関節です。つまり、肩の後ろ側と腰の後ろ側の関節なのです。

重心が平行に移動することで、骨盤が旋回、背骨が捻転を起こし、肩甲骨がスライドすることでバックスイングが完成します。

方法は簡単。みぞおちを下半身の反動を使ってバックスイング方向に向けるだけ。そうすることで骨盤、背骨、肩甲骨が連動して動きます。

肩と同調して腰も回転するのがスイングと考えているゴルファーがとても多いのですが、その順序だと捻転が発生せずパワーが出ません。

骨盤の基盤となる股関節は、腰の後ろ側にあるのですから、お尻のほうに着目して、正しい動きをマスターすることが大事です。

クラブを振るのは腕だから、腕を大きく振ろうとするゴルファーが大半ですが、腕を振る意識は持たないことです。

意識してもいいスイングパーツはスイングの始動と切り返し

スイングで意識して何かをしようという動きはできるだけ避けたいものです。脳からの指令が多すぎると、動きの連動に滑らかさを欠くし、何かをしようという意識は手先に伝わりがちです。腕や手の細かい動きが先行して、スイングの動力である下半身や捻転力が正しく使えなくなってしまうのです。

スイングで意識するのはテークバックの始動と、方向変換をするダウンスイングの始動です。ここで骨盤をどう使い、股関節を上手に動かすかが重要になります。

そのためには、アドレスの前傾姿勢の作り方を正しく理解しておく必要があります。一度、カラダの筋肉や内臓を取り除いて、骨格標本になった気持ちになってアドレスしてみてください。背骨を少し前に傾けて立つのですから、骨盤も背骨と同じ角度に傾けるのが自然ということがわかるでしょう。

人間のカラダで考えてしまうと、バランスのいいアドレスの姿勢がどういうものかが理解しにくい面がありますが、骨盤など骨格で考えればやるべきことは意外とシンプルだと思っていただけるはずです。

テークバックの始動（左）とダウンスイングの始動（右）だけは、意識すべき動作だ

骨盤を無理なく傾けられる手順を理解しておくことが大切

アドレスを作るときにもっとも注意したいのは、腰に負担がかからない手順を心がけることです。直立の姿勢から上体を折り、それから両ヒザを曲げる人がいますが、この手順では腰椎や太モモの裏側に緊張が感じられます。中腰の姿勢からアドレスを作るようなものので、腰痛の原因にもなります。

直立姿勢から両ヒザを曲げながら、お尻を真下に落とすと同時に上体を前傾させるのが正しい手順です。

野球で内野を守る選手は、構えるときに腰を十分に落とします。ゴロが正面に来ると、さらに腰を落としますが、最初の構えと前傾角度は変わりません。両ヒザの角度を調整し、ゴロを上手にさばいています。このように腰を自然に落とす感覚でアドレスを作って欲しいのです。

両ヒザを伸ばしたままで上体を前に折る手順は、内野の選手が腰の高さを変えずに、前傾姿勢を深くしてゴロを取ろうとするようなものなのです。骨盤を正しく使えませんし、カラダの動きがスムーズにいきません。

腰全体よりも、骨盤の部分を意識して構えるとバランスのいいアドレスを作りやすい

米国では腰が動力となる「ヒップターン」を教えている

肩甲骨も大きく使いますが、スイングの動力となるのは股関節、つまり腰です。アメリカには「ボディターン」という言葉は存在せず、「ヒップターン」を説いています。「ショルダーターン」はありますが、腰が動力になるという考えが主流です。

重心の動きは、直線のイメージです。両足を肩幅くらいに広げて直立し、腰を左右に揺さぶってみてください。腰を右に動かせば、体重が右足に乗ります。左に移動すれば、体重も左足に乗ります。このように骨盤を天秤のように上下に動かすのが、股関節の正しい使い方です。

次に、骨盤を左右に平行移動しながら、上体を少しずつ前傾させましょう。アドレスと同じ前傾姿勢を作ると、骨盤を右に動かすときは、腰が右にスライドするというよりも、右腰が切れ上がる感覚となります。右の尻が上がるという表現でもいいかもしれません。同様に骨盤を左に動かせば、左腰が切れ上がります。

骨盤が前傾しているから、バックスイングでは右腰が、ダウンスイング後は左腰が切れ上がる感覚

腰を意識して回そうとすると動力の役目を果たさない

「バックスイングでスエーしてはいけない」と教わったことがあるでしょう。スエーになるのは、アドレスの腰のセッティングを間違えているからです。背中だけ丸めて、骨盤を立てたバランスの悪い姿勢を作っているから腰が右に流れてしまうわけで、動きそのものが悪いわけではないのです。

また、骨盤を正しく傾けても、腰や右ヒザを無理に止めておこうとすると、テークバックの始動がスムーズにいかないし、ダウンスイングの始動のリズムも狂わせてしまいます。

ヒップターンは骨盤を積極的に動かすことであり、意図的に腰を回すことではありません。骨盤の平行移動によってフットワークが円滑に行われ、結果的に腰がターンするにすぎないのです。

無理に腰を回そうとすると、両ヒザのラインが崩れます。腰が引けてしまい、体重が軸足にしっかり乗らず、腰が動力の役割を果たせません。骨盤を直線的に動かせば、アドレス時の両ヒザのラインがほとんど崩れず、直線的な体重移動が可能です。

テークバックの始動では思い切って骨盤を右に動かす

テークバックの始動では、骨盤を右に動かすことを意識します。アドレスの姿勢を作り、バランスボールを両手に持って目標の反対側に投げてみると、この動きがよくわかります。

バックスイングは重力に逆らってクラブを上げていく動作ですから、このくらいのダイナミックな動きが欲しいものです。

なお、両手に持つボールが小さいものでも結構ですが、軽すぎると骨盤をしっかり動かすのが難しいでしょう。小さくても重量のあるボールを使用することをお勧めします。

骨盤を右に動かす動きと連動して背骨がねじれ、左右の肩甲骨がスライドします。これだけで、腕や手が何もしなくてもトップオブスイングの位置まで上がります。左右の肩甲骨がスライドすれば、両腕のローテーションが行われることも理解できます。

トップオブスイングの位置まで上がったら、今度は骨盤を左に移動します。ヒップの滑らかなターンに同調して捻転がほどけることで、左右の肩甲骨がスライドします。腕のローテーションが行われ、腕が勝手にフィニッシュの位置まで振り抜かれます。

下半身主導ならバックスイングは「速い」のが自然だ

テークバックの始動で骨盤を右に動かす。ダウンスイングの始動で骨盤を左に動かす。この2つだけで、スイングが成り立つといっても過言ではありません。

腕や手は一切使わないし、意識するのがタブーなくらいです。それは、腕や手はもちろん、肩も動力になってはいけないからです。

特にテークバックの始動では、ほとんどのゴルファーが下半身を一生懸命に止めて、腕や手でクラブをゆっくり動かしています。これではパワーの源であるヒップターンが使え

骨盤と肩甲骨の連動で、理想的なスイングが成り立つ

ず、手打ちになってスイング軌道が定まらず、ミスショットが多発します。

　手だけでクラブを勢いよくかつぎ上げてしまうのは間違いですが、右足へのダイナミックな体重移動を使い、相乗効果として腕や手が素早く上がるのは全然間違いではありません。「速い」と「急ぐ」では、スイングの質が100パーセント異なります。

クラブや体の回転軸は1つだが、腰には軸が2つあると考えてもいい

　ダウンスイングの始動でも、下半身を止めて腕や手から下ろそうとすると、体重が左足に乗らず、腰が引けてしまいます。

　両手に持ったバランスボールを目標に向かって遠くに投げるイメージで骨盤を思い切って左に動かせば、スムーズなフットワークが生まれて腰が自然にターンします。こうした左右の体重移動をマスターするには、下半身には2本の軸があると考えるのもいいでしょう。

腰を右に旋回させながら、バランスボールを目標の反対側に投げるイメージでテークバックする

　といっても脚ではありません。骨盤の平行移動を促すためにも、左右の股関節に軸をイメージするのです。本来のスイング軸は背骨ですが、バックスイングは右股関節に、ダウンスイング以降は左股関節に軸を想定します。ダウンスタンスの幅の中でフットワークを直線的

に使うことで、体が正しく回転し、背骨を一定の位置にキープしやすくなります。

下半身の動きに腕が振られる感覚をマスターしておこう

スイングのリズムとか、骨盤を動かすタイミングは、歩くときのコンビネーションと同じです。骨盤を動かすことで足が前に出ていき、骨盤の交互の動きによって歩行が成り立ちます。

腕だけをいくら頑張って振っても骨盤は動きませんが、骨盤を積極的に動かして足早に歩けば、腕も自然に振られてきます。ゴルフスイングはそのイメージです。テークバックの速さも、ダウンスイングの始動も速さも均等で、歩くときのように「イチ、ニ、イチ、ニ」のリズムを心がけるといいでしょう。

股関節と肩甲骨の動きが理解できたら、クラブを持たずにラジオ体操のように両腕を大きく左右に振ってみましょう。

ここで、腕を先に振ろうとしてはいけません。骨盤が先に動き、腕がそれについてくるように振ります。下半身主導で腕を繰り返し振り続けているうちに、祭りでよく見かけるデンデン太鼓のように、腕が振られる感覚を把握できます。

バランスボールを目標方向に投げるように、骨盤を左に動かし、左足軸のイメージで大きく振り抜く

下半身主導の合理性を理解し、上達に大きく前進しよう

下半身主導の動きをマスターできたら、クラブを手にしてボールを打つ練習に向けての最終調整です。

ここではアドレスと同じ前傾姿勢を作り、両手のひらをカラダの正面で合わせます。そして、骨盤を右に動かし、みぞおちを右方向に向けてバックスイングします。

この練習では、両ヒジをできるだけ曲げないようにしましょう。両手の高さは肩よりも低い位置で構いませんから、とにかく下半身主導を心がけてください。

下半身から始動すれば、両腕を伸ばしたままでも、ある程度の高さまで上がります。ところが、下半身を止めたままでは、腕が思うように上がりません。肩を頑張って回そうとしても耐えられず、両ヒジが折れてしまうでしょう。

両足をしっかり踏ん張り、足腰を固定して腕を振る。下半身を積極的に使い、腕が勝手に振られる。どちらが効率のいいスイングであるかを、カラダで感じ取って欲しいのです。

腕を伸ばしたままでも、下半身主導なら勝手に上がることを理解しよう

GAKU NAKAI

第2章

中井学がコーチする「グリップとアドレスの基本」

スイングのメカニズムの本質が理解できたら、実際にクラブを持ち、グリップの握り方と構え方を学習しましょう。ボールを打つ前に、クラブを正しい軌道で振るためのグリップとアドレスを完全マスターしておくことが大切です。

1 両腕をだらんと下げて立ち、左手の自然な向きでグリップ

グリップはカラダとクラブを結ぶ唯一の接点ですから、両手を正しく握ることが大切です。グリップは左手から握りましょう。

POINT 1

上体を軽く前傾し、両腕を脱力して下げると両手の甲が少し前を向く。この左手甲の向きが基準となる

左手グリップを作るときは左腕の力を抜き、自然に下げた状態にすること

骨格によって個人差があるが、自分なりの左手甲の角度でクラブを持つといい

左手をだらんと下げた向きのままで握れば、左手の甲がやや上を向いたグリップが作れる

POINT 2

2 右手はインパクトの体勢を想定してグリップするのがコツ

飛球線方向に力をかけるためには、インパクトで右ヒジは必ず曲がっていなければなりません。左手のように自然に下げた形のままで握るのは間違いです。

右ヒジをカラダに近づけ、右手のひらをグリップの真横から添えるように握る

両手をバランスよく握れば、クラブを正しい軌道で振れて、正確なインパクトを迎えやすい

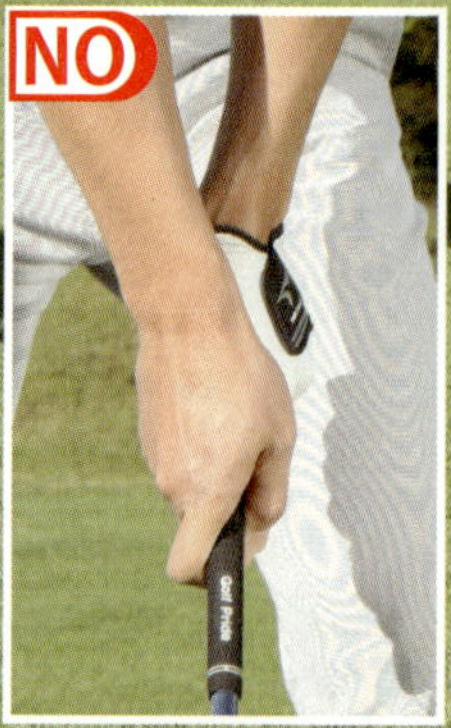

右手をかぶせると、左手との一体感が得られない

POINT 1

左手甲と右手のひらが同じ向きとなるように握れば、両手に一体感が出る。両手の位置は左モモの付け根の前

右ヒジをカラダに引きつけてインパクトの姿勢を作ってみると、パワーを発揮しやすい右手の握り方がわかる

POINT 2

3 左手のひらの膨らみの部分と人差し指で引っかける感覚

左手の握りがルーズではスイング中グリップが緩み、クラブ軌道が安定しません。力を入れなくても、しっかり握れる方法を教えます。

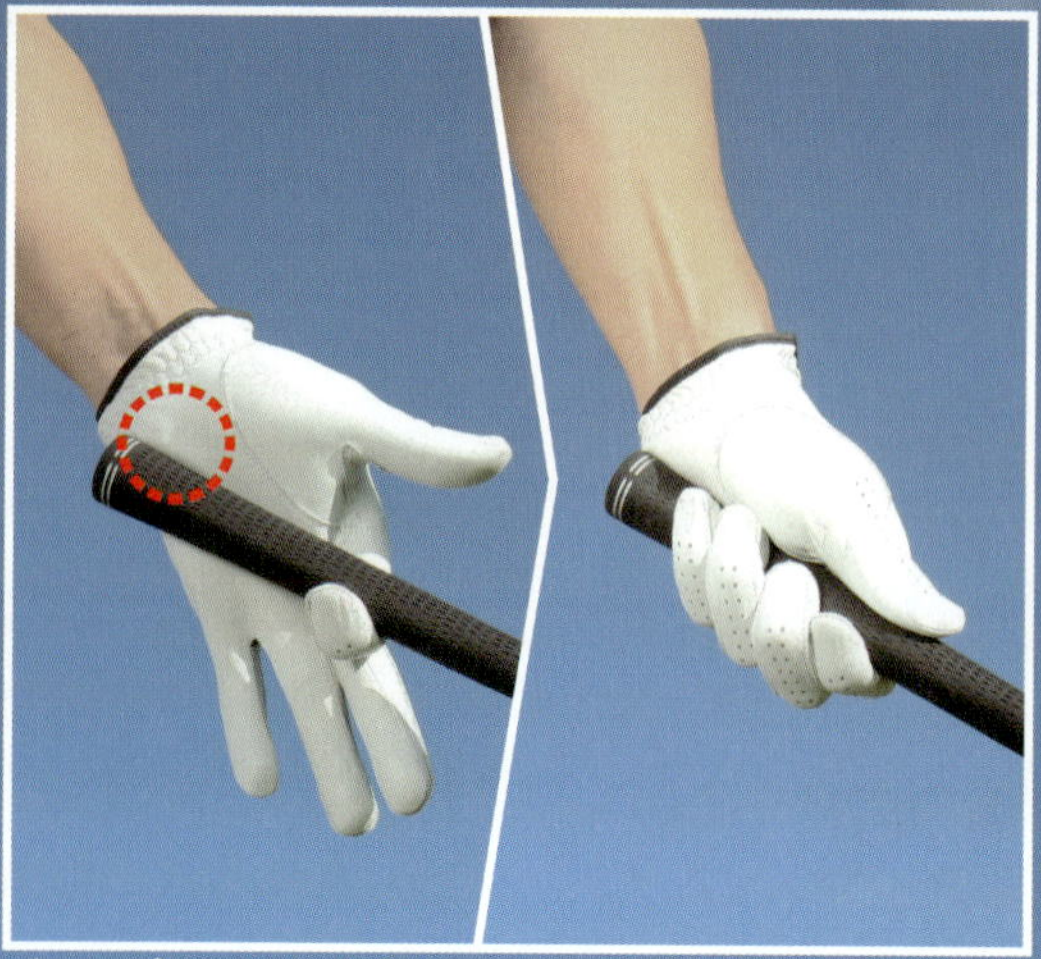

グリップエンドを少し余して握ることで、左手のひらの膨らみの部分でグリップを固定できる

POINT 1

左手の人差し指以外の4本の指を離しても、グリップを固定できるように握るのが正しい

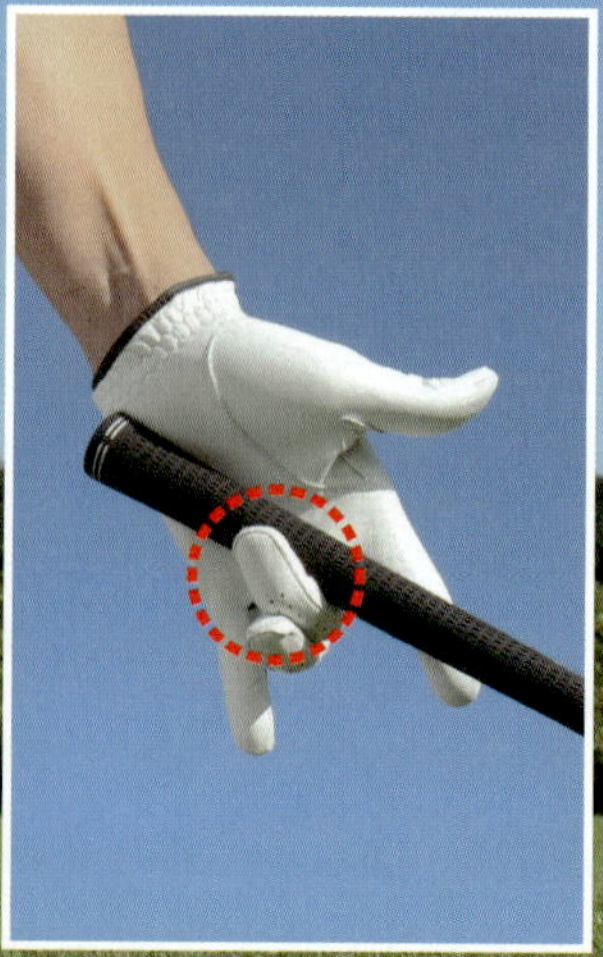

インターロッキンググリップに握る人であれば、左手のひらの膨らみと中指で引っかけるイメージ

クラブヘッドを地面に置いたときに、地面とシャフトのライ角が適切になり、正しいアドレスが作れる

POINT 2

4 薬指でしっかり握れる太さのグリップを選ぶことが必須条件

両手とグリップのフィット感を高めるポイントです。さらに両腕の密着感にも直結するグリッププレッシャーの度合いを覚えましょう。

グリップの太さの決め手は、左手の薬指でしっかり握れることだ。グリップは太すぎても細すぎてもいけない

POINT 2

クラブを胸の前で持ち、ゆっくり縦に下ろしてみてクラブが落ちない程度の力加減をつかもう

POINT 1

グリップの中心となるのは両手の薬指。この部分でしっかり握ることを第一に考えよう

5 親指と人差し指の付け根を締め、隙間のないグリップを作ろう

隙間のないグリップを作れば、スイングの軌道が安定します。両手の握り方には3種類があるので、しっくりくる形を採用しましょう。

POINT 1

両手とも親指と人差し指の付け根を軽く締めておくだけで、両手の隙間や緩みがなくなる

NO

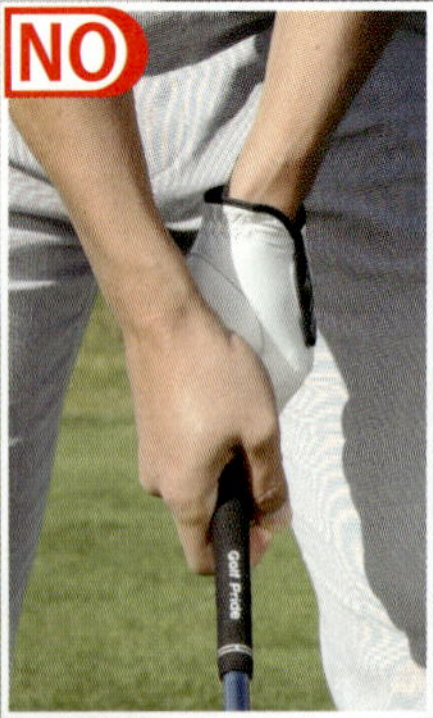

親指と人差し指の付け根が空くと、ルーズなグリップになる

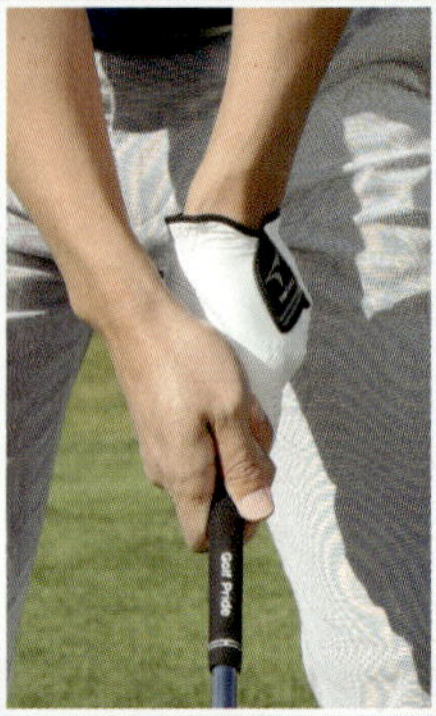

親指と人差し指の付け根を締めることで、力を入れなくてもグリップを固定しやすい

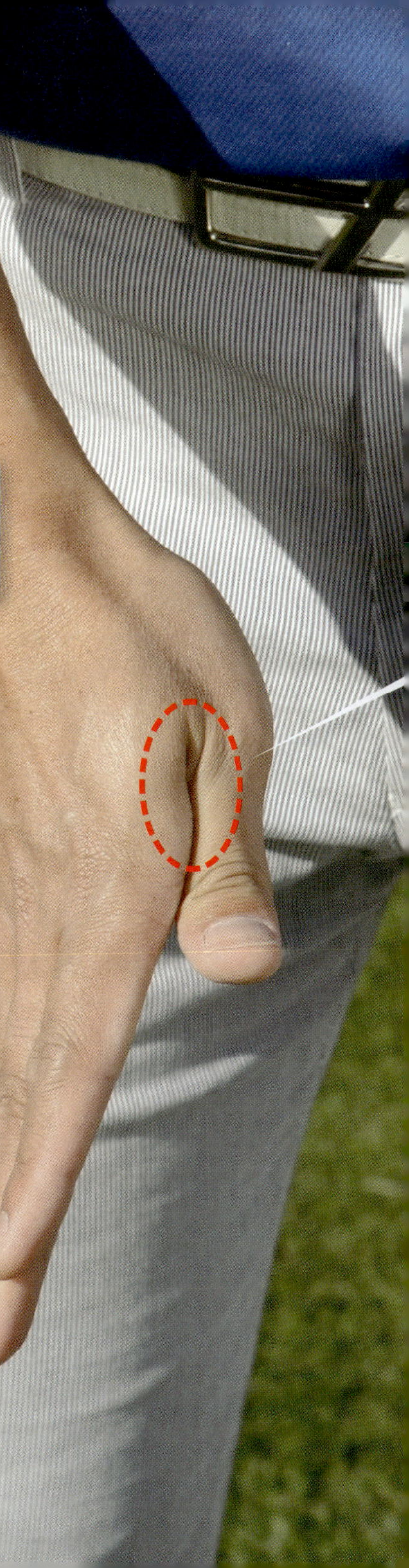

右手のひらの窪みに左手親指とグリップをすっぽりと包み込むように、右手を握るといい

POINT 2

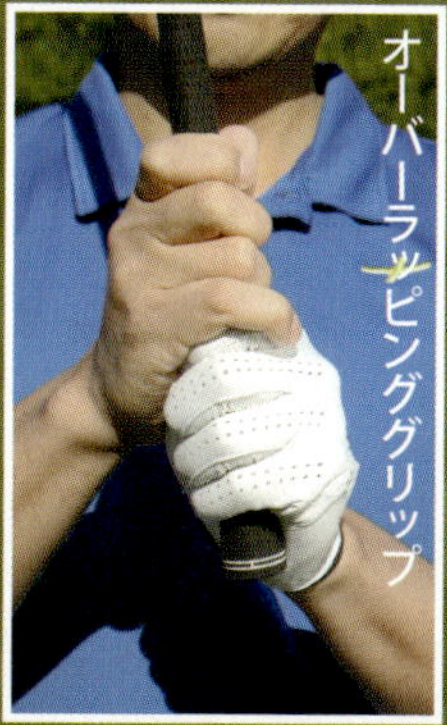

オーバーラッピンググリップ

右手の小指を左手の人差し指に重ねた握り方。もっともポピュラーで、右手の力を制御しやすく、両手のバランス感に優れている

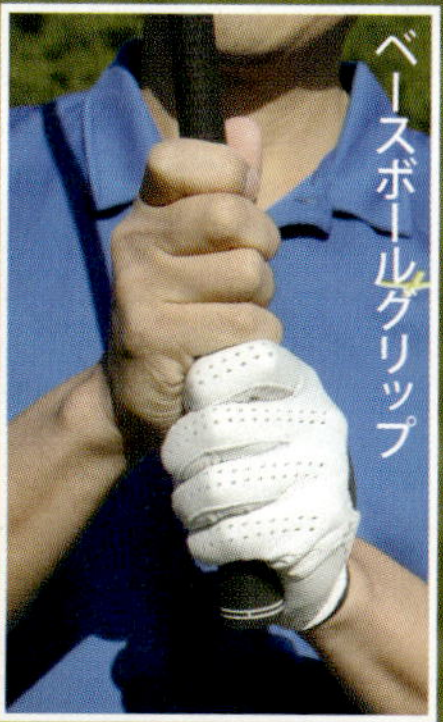

ベースボールグリップ

左手の握り方は他と同じで、右手を左手から離した握り方。右手を使いやすい反面、両手の一体感にやや欠けるのが難点

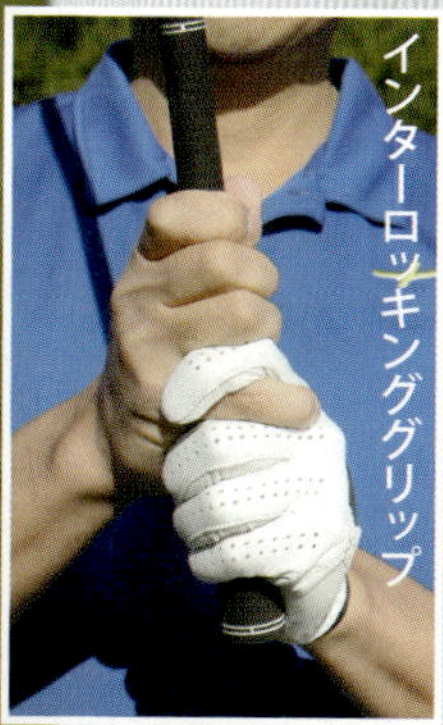

インターロッキンググリップ

右手の小指と左手の人差し指を絡める握り方。両手を詰めて握るため、両手の一体感がさらに強調される

6 ストロンググリップ＝フックグリップは大きな勘違い

現在はクラブの性能が進化したこともあり、ストロンググリップが主流です。しかし、これはスライスが出やすい握り方なのです。

POINT 1

左手甲を深くかぶせたストロンググリップは、フックが出にくいので「スライスグリップ」というべき握り方

フォロースルーで左ヒジを逃がしやすく、フェースターンが抑えられる。そのため、スライス系の球が出やすい

POINT 2

左手を浅く握ったウイークグリップは、スライスが生じにくいので、意味的にはこちらが「フックグリップ」

フォロースルーで左ワキが締まり、左腕が返りやすい

フェースがターンしやすく、結果的にフック系の球が多く生じる

7 腰を真下に落としながら背骨と骨盤を軽く前傾させる

アドレスの前傾姿勢の作り方です。下半身に力を入れたり緊張を感じたりするとフットワークが使いにくく、腰痛の原因にもなります。

18ページでも解説したように、クラブを持つときも、ヒザを軽く折りながら腰を落とし、上体を前傾させよう

POINT 2

腰への負担を未然に防ぎ、骨盤をスムーズに動かせるように、お尻のほうを意識すること

POINT 1
骨盤を正しく前傾させると背中は猫背にはならない。重心の圧力は両足土踏まずの前側へ
NO
NO

背中を丸めてしまうと中腰に近い構えとなり、腰に大きな負担がかかる

ヒザを曲げすぎて重心がカカト寄りに乗ると、バランスの悪い構えになる

8 インパクトを作ってみればカラダとボールの適切な間隔がわかる

ボールの位置と、カラダとボールの間隔もアドレスの重要ポイント。この2つに細心の注意を払って、構えの姿勢を安定させましょう。

POINT 1

アドレスではグリップエンドとカラダの間に握りコブシが2つ入るくらいのスペースを保とう

インパクトで両腕の通り道がしっかり保てるだけのスペースをアドレスで確保しておこう

POINT 2
ボールは左ワキの前にセット。この位置を基準にするとボールポジションが一定しやすい

5番ウッド
ドライバー

ドライバーのボール位置は左ワキの前だが、それ以外のクラブのボール位置は、クラブの最下点がボールの先にあるので左ワキより内側になる

5番ウッド
ドライバー

シャフトの長いクラブほどボールから離れて構えるが、グリップエンドとカラダの間隔は均等

9 クラブを胸の前で持ち、フェース面を真っ直ぐにセット

上体が左右に傾きすぎたり、フェースの向きを間違えたりしないための、ちょっとした工夫です。これだけで常に正しく構えられます。

POINT 1

上体を真っ直ぐにし、両ヒジの高さを均等にした姿勢から、クラブを下ろすとバランスのいい構えが作れる

フェースの面を飛球線と直角に交わるように構える

POINT 2
胸の前で持てばフェースの刃のラインを合わせやすいだけでなく、クラブの重みで両ワキが自然に締まる効果もある

フェースの最下部の直線が縦に見えるようにクラブを持つ

クラブをそのまま真下に下ろせば、フェースの向きが狂わない

10 下半身の硬直が手打ちを招くので、踏ん張る必要はない

下半身はスイングの土台です。安定させようと、踏ん張りすぎるのは逆効果。フットワークが使いやすい立ち方を第一に考えましょう。

POINT 1

クラブを地面に置いてみて、右足の内側が飛球線に対してほぼ直角となるように構える

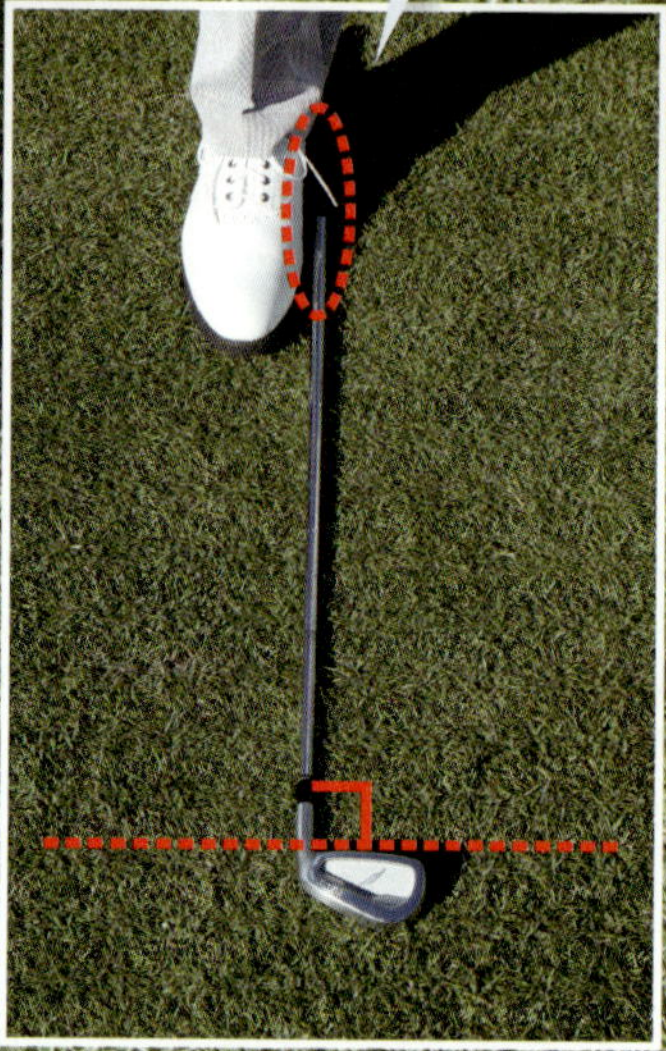

スタンスの向きが飛球線と平行になるように構えよう

POINT 2

左ツマ先を軽く開き、右ツマ先は正面に向ける。両足の間隔は7Ｉで肩幅程度。足には特に力を入れない

右ツマ先を大きく開くとスタンスが目標の右を向き、カラダ全体の向きに狂いが出る

足に力を入れすぎてもいけないが、右ツマ先を閉じすぎたり（左）開きすぎたりしない（右）

11 イメージした飛球線に対して スッとアドレスに入るのが理想

アドレスの完成までの一連の動作をルーティーンワークといいます。この動作をスイング同様、淀みなく行うことで構えが安定します。

アドレスを作る作業も、スイングのうちと考えよう。自分なりに構えに入りやすいリズムを作るといい

ボールの前に来てフェースやカラダの向きを確認し、アドレスに時間をかけると逆効果

POINT 1
ボールの後方側に立ち、ボールと目標を結ぶ飛球線のイメージを明確にする。この時点で素振りは済ませておく
POINT 2
飛球線を見ながらボールに近づき、アドレスにスッと入るようにすると違和感なく構えやすい

12 眼の使い方を正しく理解すれば方向性や距離感の誤差を防げる

両眼は方向や距離を瞬時に認識する能力を備えています。どの位置から目標を見るかで、方向と距離の感覚に違いが出るのです。

POINT 1

目標に正対する飛球線の後方側の位置に立って見るときは、目標の方向を認識しやすい

飛球線上に立つときの目線は、目標を感じ取るのが優先

飛球線とクロスするときの目線では、方向のことは考えない

POINT 2

アドレスして飛球線や目標をやや斜めの角度から見ると、目標までの距離を認識しやすい

13 アドレスの完成後も両足のワッグルで「動」の状態をキープ

ワッグルはアドレス後、スイングを開始するまでの数秒の間にクラブを軽く動かす動作です。カラダの硬直を防ぐためにも有効です。

POINT 1

アドレスは静止した姿勢に見えても、体を小刻みに動かしてリズムを感じておくことだ

足の揺さぶりと連動してクラブを数回動かすワッグルを実行するといい

NO

下半身を止めて、手だけを動かすワッグルは百害あって一利なし。手打ちを招くからだ

POINT 2

左足、右足と体重を交互に乗せる足のワッグルは、スイングのスムーズな始動に効果的

14 正しいアドレスにスッと入っていける方法を日頃から練習しておこう

クラブを長く持つと左手のグリップが緩む

グリップでもっとも重要なことは、左手の角度を適切に保ちやすく、クラブのライ角通りに構えやすいように握ることです。

そのためにも、グリップエンド側を少し余して持ち、左手のひらの小指側の手首寄りの膨らみの部分と人差し指だけで、グリップをしっかりと引っかけられるように持ちましょう。

クラブを長く持っては、グリップエンド側を手のひらの膨らみの部分に引っかけることができず、グリップが安定しません。スイング中に左手グリップが緩んで、クラブヘッドの軌道が乱れてしまうのです。

左手に力を入れなくても、左手とグリップがフィットするような握り方が理想です。そして、左腕を自然に下げたときの左手首の角度が、クラブのライ角にフィットすれば万全といえます。

左手首が伸びてしまうと、クラブヘッドのヒール側が浮きます。逆に左手首が親指側に折れすぎると、クラブヘッドのトウ側が浮いてしまいます。クラブのライ角に合ったアドレスが作れず、ミスショットの原因になるので注意が必要です。

ショットがなかなか安定しない場合は、まずグリップを徹底的にチェックしましょう。

石川遼選手のような握り方も試してみる価値あり

グリップの握り方は、オーバーラッピング、インターロッキング、ベースボールの3種類がありますが、どれが正しいというものではありません。私自身はオーバーラッピングに握っています。理由としては、感覚的に握りやすいからです。

インターロッキングは手の小さい人や力のない人に最適といわれますが、タイガー・ウッズや石川遼選手のような、多くのパワーヒッターにも採用されています。自分なりに試してみて、もっともしっくりくる握り方を選ぶといいでしょう。

ベースボールグリップは少数派ですが、右手の力を生かしやすい長所があります。ただし、右手が強い人や、左右の手の一体感を強調したい人には適さない握り方です。

なお、左手を握るとき、左手のひらの膨らみの部分と人差し指で引っかけるように持つ感じと説明しましたが、インターロッキングに握る人であれば、左手の膨らみと中指で引っかけるように持つことです。

両手の薬指でしっかり握れてこそ、グリップが安定する

グリップの中心となるのは、両手の薬指です。なぜ、薬指が重要かというと、手の腱の構造にあります。手の甲に見える腱は、手首の中央から5本の指に向かって伸びていますが、腕と手を真っ直ぐにしたとき、手の向きと平行になるのが薬指の腱なのです。

つまり、何かを握るときや、水がたっぷり入ったバケツなど重いものを下から持ち上げるときなどに、もっとも力が働く部分です。「左手の小指、薬指、中指の3本でしっかり握れ」とよくいいますが、これは薬指をしっかり締めてこそ、左手の3本の指の握りが安定するのです。

グリップの太さも自分の薬指の長さを基準

にして選ぶことです。グリップが太すぎると、薬指に力が入らないし、細すぎても薬指が余ってしまいます。両手の薬指だけでグリップしてみて、太さが適切かどうかをチェックしてください。

両手の力加減としては、強く握りすぎてもいけないし、グリップが緩んでしまうほど弱く握ってもいけません。クラブを胸の高さで真っ直ぐ持ち、クラブを前に倒したときに、両手が緩まない程度です。クラブの重量に耐えられる自分なりのグリッププレッシャーを心がけましょう。

薬指を締めるように握ってこそ、左手の小指側の3本でしっかり握れる。グリップエンドを少し余すことだ

極端にストロングに握るとスライスばかり出る!?

左腕を自然に下げたときの左手甲の角度で握り、右手はインパクトの形を想定して握ると、左手甲と右手のひらがやや上を向いたストロンググリップとなります。

現在はこれをスクエアグリップという人も多くいるほどで、もっとも基本的な握り方といえます。

この形よりも左手甲をさらに深くかぶせて、右手を浅くして握るのがストロンググリップというのが正しいでしょう。

ただし、ストロングに握るほど、インパク

トからフォロースルーにかけて左手が返りやすく、フェースがターンしやすいと考えるのは大間違いです。

ストロンググリップは別名フックグリップと呼ばれる場合がありますが、スライスを直すにはストロングに握るといいというのはウソです。

以前のヘッドが小さいパーシモンドライバーと糸巻きボールの組み合わせであれば、インパクトの瞬間、ボールがフェース面に吸い付いている時間が長いため、左手をかぶせて握り、フェースを返しながら打つことでボールをしっかりつかまえる考え方が主流でした。

現在の反撥係数が高い金属ヘッドと飛ぶボールのマッチングで、左手をかぶせて握り、さらに左手を返そうとするとヒッカケにしかなりません。

それに左手を深くかぶせるほど、フォロースルーで左ヒジが引けやすく、逆にスライスが生じやすいのです。

ストロンググリップではフックが打ちにく く、スライスが出やすい。とくれば、ストロンググリップはスライスグリップと考えるべきです。

左手を浅く握ったウイークグリップなら、左ワキが締まりやすく、左手を返してもフェースが返りすぎる心配がありません。フックをコントロールして打ちやすい効果を備えているのですから、ウイークグリップこそ「フックグリップ」なのです。

左ワキの前を基準にすれば ボールの位置で迷わない

アドレスを作るときは、18ページでも解説したように、腰やモモの後ろ側に緊張を感じなくてすむ手順を守ることが大切です。

両ヒザを伸ばしたまま、腰の付け根から上体を折り曲げると中腰の姿勢になり、腰に負担がかかります。中腰の姿勢から両ヒザを曲げても、腰のすぐ上の背すじに緊張が残りますから、骨盤の動きがスムーズに働きにくい

のです。

直立の姿勢から、両ヒザを曲げながらお尻を真下に落とすと同時に、上体を前傾させましょう。こうして、両腕を自然に下げてクラブを持ちます。

ボールの位置は、左ワキの前からスタンスの中央の間です。7番アイアンよりも長いクラブは、すべて左ワキの前を基準にし、それよりも短いクラブはスタンス中央に近づきます。

ドライバーは左カカト内側の前に置き、短いクラブになるにつれてスタンスの中央に近づける。あるいは、どんなクラブでもボールを左カカト内側の前に統一する。ボールの位置の考え方は様々ですが、ゴルファーの身長によってスタンス幅が異なります。

背が高い人ならスタンスは広めがいいし、小柄な人は狭めのスタンスが適しているといえます。左カカトの内側を基準にしてしまうと、クラブに適応した軌道で振れなくなる可能性が高いのです。

お尻を落とし、骨盤を前傾させて構えよう。ボールの位置は左ワキの前が理想

それよりも、左ワキの前と決めておけば、その人のスタンスの幅に関係なく、クラブに合った軌道で振れます。ボールの位置を一定しやすい利点もあり、インパクトの打点も安

定します。

アドレスを丁寧に作りすぎるとカラダがかえって硬直しやすい

アドレスを作るルーティーンワークに関しては、構えを丁寧に作ることはとてもいいことだと思います。

しかし、あまりにも慎重になりすぎてルーティーンワークに時間をかけたり、方向ばかり気にしすぎると、かえってミスショットを誘発します。

私自身は、ボールをティアップしたら、ボールの後方付近で素振りを数回繰り返し、ボールの真後ろから目標を眺めて、ボールと目標を結ぶ飛球線、もしくはこれから打とうとする弾道を明確にイメージします。

そして、その場所で両手をグリップしたら、飛球線や目標を見ながら、ボールの前に近づき、肩や腰、スタンスを飛球線と平行にセットし、スッとアドレスに入ります。

ここで何を強調したいのかというと、「アドレスは淀みなく作ってしまえ」ということなのです。

ボールの前に来て、右手でクラブを持ち、フェースを丁寧にセットし、それから両手をグリップして、スタンスの位置を決め、アドレスが完成した後も目標を見て、動作がモジモジしてしまう。これが、アドレスでカラダが硬直してしまう原因です。

ルーティーンワークもスイングのうちと考える

カラダの向きをいちいち気にしていたのでは、ルーティーンワークにリズムが生まれず、スイングのリズムも狂います。モジモジしているうちに、「ミスしないだろうか」という不安が生じやすいのも欠点です。

トーナメントプロたちのルーティーンワークをよく観察してみてください。ボールの後方から目標を見る段階で最初から両手をグリ

ップし、ボールの前に来たらいちいち両手を握り直さずにフェースを合わせ、サッとスタンスの位置を決めて、ワッグルを数回繰り返しただけで、スイングをスーっと開始するプロが大多数です

ティアップしたときから、スイングは始まっていると考えましょう。素振りの回数とか、ボールの後方から目標を眺める仕草や、アドアドレスを作る手順にリズム感を意識してみると、スイングにも流れるようなリズム感が生まれます。

訓練が必要ですが、スムーズなルーティーンワークの練習を普段から積んでおくと、コースに出たときも、アドレスを淀みなく作ることができ、グッドショットの確率が増すはずです。

プロ野球の選手たちの眼の使い方が参考になる

なぜ、ボールの前に立った段階で、目標方向ばかり気にすると弊害が起こるのでしょうか?

それは、眼の使い方に関連しています。ちょっと話がそれますが、野球の選手の動きを連想してみてください。外野に大きなフライが飛んでいきました。守備の上手い選手は、ボールが飛んでいく方向に対して斜めに走り、キャッチします。

ところが、飛んでくるボールに対してカラダの正面を向けて、後ずさりするとバンザイしてしまいます。たまに、そんなプレーがありますよね。

自分の近くに向かってくるボールに対して、もちろん方向をつかむ感覚も大事ですが、それ以上にボールまでの距離を瞬時にキャッチすることがより重要です。

守備の上手い選手は、ボールを斜めに近い角度から見て、最初にボールまでの距離感をつかみます。だから、ボールの落下地点に最短距離で到達できるのです。

その点、ボールに対してカラダが正対した

ままの人は、方向の感覚はつかめても、距離の感覚をつかめず、かなり手前の地点でバウンドしたり、後ろに大きくそれたりするわけです。

内野手の守備にしても、ゴロをカラダの正面で捕球したら、体を少し反転させて、ファーストの方向に対して眼をクロスさせて送球します。方向が多少左右にそれることはあっても、距離感の大きなミスはほとんどありません。

ところが、ピッチャーがボテボテのゴロを取って、ファーストに軽く投げるとき、手前にワンバウンドしたり、大オーバーしたりすることはよくありますよね。それは、ファーストの方向に対してカラダや眼が正対してしまうために距離感を一瞬失うからなのです。

眼やカラダを目標に正対させるときに、目標方向をしっかり意識する

アドレスに入る段階になったら、方向のことは考えないこと。淀みなく飛球線と平行に立ち、スイングを始めてしまおう

ボールの前で構えたら、もう目標は意識しない

話をゴルフのアドレスに戻しましょう。

目標の方向を確認するのは、ボールの真後ろに立ったときの作業です。カラダの正面や眼を目標に正対した位置から見れば、「あそこに打つぞ！」と集中力が高まります。

そして、アドレスの位置に入ったら、もう方向のことは考えません。スタンスの位置からは方向に対して眼がクロスした状態なので、方向を気にしても無意味です。

よく眼の錯覚といいますが、それは当たり前の話で、錯覚に惑わされてカラダの向きを間違えてしまうくらいなら、スッとアドレスに入って、時間をおかずにスイングを始めてしまうのがどれだけマシかわかりません。

ドライバーの場合は、目標までの距離をコントロールするクラブではないので、クラブを構えたときに距離をイメージすることはほとんどありませんが、アイアンのようにグリーンやピンまでの距離を合わせて打つショットでは、ボールの後方に立ったときは方向を、スタンスの位置から目標を見るときは距離感をキャッチするという具合に、眼をうまく使い分けると、ゴルフのレベルが確実に上がります。

どんなクラブでも構えたら、スイングをスッと開始するのがいい

GAKU NAKAI

第３章

中井学がコーチする「スイングの基本」

今度は、ボールを打つ練習に取り組みましょう。
第１章で学んだカラダの動きのメカニズムを復習しながら、７番アイアンでスイングを構築していくことが早い上達につながります。
スイングの一番の動力となるのは骨盤、および股関節であることを常に頭に入れておきましょう。

1 手打ちはダフリやトップなどのミスを誘発する諸悪の根源だ

ボールにきちんと当てようとすると、手先の動きに頼ってしまいがち。こうした手打ちが上達の妨げになるので十分な注意が必要です。

POINT 1

手や腕はカラダの動きについてくるだけと理解すれば、理想のスイングをマスターできる

手打ちはリリースが遅れたり（右）ボールに合わせにいって上体が起きたり（左）するミスも招く

POINT 2

手打ちではフットワークやカラダの回転がうまく使えず、腕の振りだけでボールを打ちにいくとトップすることが多く、それをいやがって当てにいくためダフる

2 首の付け根をスイングの支点と考えれば大きなアークで振れる

スイングの支点をどこに置くかで、スイングの内容が大きく変わります。手打ちは大概グリップエンドが支点になっているのです。

POINT 1

腕を速く振ろうとするとカラダが止まり、スイングの支点がグリップエンドになってしまう

スイングの支点が手元ではスイングの弧が小さくなり、ヘッドスピードが思ったほど上がらない

POINT 2
首の付け根が支点ならカラダの回転をフル活用でき、クラブの慣性エネルギーを最大限に引き出せる

スムーズなフットワークと同調し、クラブヘッドのスピード感が大幅アップする

グリップエンドが支点の場合に比べれば、スイングの半径が2倍近く長くなる

3 軸とクラブが垂直になるのが効率のいいカラダの回転を生む

カラダの回転を使ってスイングするとよくいいますが、どんな回転がもっとも効率がいいのか。答えは、クラブと軸の角度にあります。

POINT 1

背骨をできるだけ真っ直ぐにし、クラブが背骨と直角に近い角度となるようにアドレス

スイング中、両腕は上下に動くが、クラブの角度は軸に対して直角をキープ

POINT 2

インパクトでも軸とクラブがほぼ直角になれば、軸やカラダの回転、クラブの動きに歪みがなかった証拠といえる

ダウンスイングで手元が浮くとクラブヘッドが下がり、軌道を狂わせる

インパクトで手首が伸びて両手が急激に変わるのも、手打ちの症状の1つ

4 下半身でスイングを始動するために※フォワードプレスは必要

スイングの始動のキッカケをスムーズにするポイントです。このフォワードプレスこそ、滑らかなフットワークを促すために重要です。

POINT 1

アドレスが完成したら左足、右足へと体重を軽く交互に乗せる足のワッグルをするといい

下半身を止めて、手でクラブを動かし出すとスイングのリズムが狂いやすい

右足に体重を乗せながらクラブを始動すれば、トップオブスイングまでスムーズに上がる

※フォワードプレス／テークバックを開始する前の動きとして、クラブヘッドを少しボール側へ動かすこと。

POINT 2
足のワッグルの延長で、左足、右足へと体重を移動するタイミングでスイングをスタート

5 手を使うのはバックスイングで手首が勝手に折れるコックだけ

コックとは手首の屈曲ですが、意識して手首を折るという動きではありません。積極的な重心移動による副産物と考えてください。

POINT 1

左手甲をやや上に向け、グリップの真上よりも少し右側に乗せた左手親指の方向に手首が折られるのが正しいコック

テークバックでクラブがインサイドに低く上がってしまうのは、正しくコックできていない証拠

下半身主導の動きにまかせればテコの原理で手首が折れて、クラブが正しい軌道に乗る

POINT 2
フットワークを使ってクラブを上げるスピードによって、手首が自動的にコックされる

手首を軽く折る以外には、手や腕の動きは一切いらない。あとは骨盤、背骨、肩甲骨の順で回すだけ

6 下半身でスイングをスタートすれば胸が勝手に右を向く

ゼンマイ仕掛けみたいに、カラダをゆっくり捻るようなバックスイングは逆効果。もっと滑らかな動きでクラブを上げていきましょう。

POINT 1

バックスイングは右の股関節がリードする。右足への体重移動に同調して腕とクラブがスムーズに動くのが理想

フォワードプレスによって下半身主導でクラブを動かせば、意識しなくてもカラダが回転する

POINT 2

フットワークにまかせて、胸を一瞬のうちに右に90度動かすくらいの気持ちがいい

NO

手でクラブを上げてオーバースイングになると、反動からダウンスイングで軸が右に傾く

7 スイング中、両手は両肩よりも高く上がることは一度もない

トップオブスイングのポジションが安定し、スイングの効率がよくなります。カラダの動きの無駄が抑えられ、パワーロスも防げます。

POINT 1

手を高く上げようという意識が手打ちにつながる。手は肩よりも上に上げる必要はない

上体を起こし、クラブを胸の前で構え、肩を右に90度水平に回そう。次に前傾姿勢を作るとトップオブスイングの形ができ上がる

POINT 2

上体を前傾しているから
トップオブスイングで両
手が肩よりも高く見える
が、実際は肩と同じ高さ
に上げている

右ヒジは90度が適切。無駄な力が加わらず、
クラブをもっとも支えやすい角度だからだ

NO

トップオブスイングで右ヒジが折れすぎたり(右)
伸びすぎたりすると(左)無駄な力が入る

8 ダウンスイングでの左足への体重移動は一瞬のうちに終わる

トップオブスイングからの切り返しは、意識的な動作です。ここでフットワークが正しく使えたか否かでスイングが決まります。

POINT 1

右足を浮かせて腰を素早く左に回してみよう。ダウンスイングはこのくらい瞬間的なイメージだ

両モモが密着し、腰の回転がスピードアップする

ダウンスイングで左足を踏み込む動作はいらない。軸が左に流れるミスも生じやすい

目標側へと方向変換するときは、骨盤の左側を目標方向にスライドするだけで、腰が勝手にターンする

POINT 2

切り返しでは左ヒザをアドレスの位置に戻し、左の股関節を左側に移動するだけでいい

9 インパクトの体勢はハンドファーストが絶対条件

フェースの芯でボールをとらえ、さらにスムーズなフットワークから生まれるパワーをボールに伝達することが理想のインパクトです。

POINT 1

ダウンスイングでは下半身が先行するから、インパクトでは骨盤がアドレスよりも開く

NO

クラブを急角度で振り下ろすと、インパクトが詰まってしまう

NO

ダウンスイングで上体が起きると、手首が早くほどけてしまう

POINT 2

体重がしっかり左足に乗り、左腕とクラブがほぼ一直線となるような体勢でインパクト

アドレスの姿勢からコックだけでクラブを上げ、コックをほどかないで打つ練習をしてみよう

10 フォロースルーでは右手首の角度をなるべく長く保とう

フォロースルーは言葉を替えれば、ハンドファーストインパクトの延長です。シャフトが短いクラブほど右手首の角度が変わりません。

アドレス時の右手首の角度はインパクトはもちろん、フォロースルーでもキープしよう

POINT 1

POINT 2

長いクラブは遠心力が大きく働くため、フォロースルーの途中で右手首が自然に伸びるが、飛ばす必要のないクラブは角度をできるだけ変えない

右手の甲が真上を向くとフェースがかぶり、球を左に引っかけてしまう

右手首が早く伸びるのは、インパクトでも右手首が伸びていた証拠

自分から見て、軽く「く」の字に折った右手首の角度を保てば、フェースもスクエアに保たれる

11 右ヒジと右腰を同調させてクラブを目標に押すイメージ

フォロースルーで右手首の角度をキープするためのポイントです。フェース面が長くスクエアに保たれ、ショットの方向が安定します。

POINT 1

右ヒジをカラダからできるだけ離さないで、腰の押し込みを使ってフォロースルーの形を作る

NO

手元が体から離れると下半身の力が伝わらず、押す感覚のスイングができない

右手のひらで球を目標方向に押し込むイメージを持てば、右手首の角度が長く保たれる

POINT 2

12 遠心力と求心力の引っ張り合いから最大のパワーが生まれる

ヘッドスピードを最大に上げるポイントです。腕を速く振るよりも、物理の法則を理解し、応用することで無理なく飛ばせるのです。

POINT 1

下っ腹に力を込めておくと、クラブが目標に向かおうとする遠心力と、その遠心力を引き戻そうとする求心力のバランスがよくなる

POINT 2

ダウンスイングでは体重を左足に乗せるが、その一方でインパクトの瞬間は右足にも体重が残る感覚を持つ

遠心力にまかせてカラダまで目標方向に流れては、クラブが加速しない

下半身を止めて、手だけで振り抜こうとしてもスピードが上がらない

13 カラダが正しく回れば前傾角度はフィニッシュまでラクに保てる

フィニッシュまで前傾角度をキープする努力なんていりません。頑張らないと前傾角度が保てないのは、手打ちになっているからです。

POINT 1

スムーズなフットワークによって前傾軸が最後まで保たれ、左足だけでも立てるような体勢が作れる

POINT 2

両足の土踏まずの前側に重心を意識して構え、土踏まずの前側の範囲内で体重を移動するのが正しいフットワーク

アドレス

重心は両足の土踏まずの前側に均等に乗っている

トップスイング

右足への体重移動で、重心の８割が右足の土踏まずの前側に乗る

ダウンスイング

左足への体重移動で、アドレスとほぼ同じ配分に戻る

インパクト

重心の約７割が左足に乗るが、右足にも重心が少し残る

フィニッシュ

重心の９割が左足の外側に移動し、右足はツマ先立つ

体重が右足に残ると下半身が使えず、手打ちになる。そのために前傾角度が保てない

中井学の７番アイアンのショット・・・①

中井学の７番アイアンのショット・・・②

14 「始動」さえ間違えなければスイングの7割は完成といえる

「クラブを振る」とは腕をまったく使わないこと

スイング作りを目的とした練習なら、7番アイアンがベストでしょう。ドライバーとサンドウェッジのちょうど中間的なクラブですし、初心者にとってももっとも違和感の少ないクラブといえます。経験が長いゴルファーなら、スイングをチェックしたいときにも役立つクラブです。

クラブを振るときに注意したいのは、腕だけで振らないこと。

「振る」という先入観があると、つい手先だけの動きが先行しがちですが、こうした手打ちが上達を妨げてしまうのです。

振る＝腕や手はまったく使わない。これが正しい考え方であると、私は信じています。

腕を速く振ろうとしてカラダが止まってしまうと、ヘッドスピードが上がりません。ダウンスイングからインパクトにかけて手が先行し、フェースが大きく開きます。

そこからクラブヘッドをボールに届かせようとすると、インパクトで手首が急激に返ってフックになったり、上体が起き上がってトップが生じたりします。

手打ちの癖が染み付いている人は、回転本来のイメージを100パーセント変えましょう。カラダからもっとも遠いクラブヘッドを加速させるには、カラダの回転を速くすることです。つまり、腰を動力と認識し、ヒップターン主体でスイングするのです。

1章でも解説したように、骨盤の平行移動による体重移動と腰の回転を意識してスイング作りに取り組んでください。

シャフトが長いクラブは慣性モーメントが大きく働く

ところで、ヘッドスピードの正体とは、一体なんでしょうか？

ヘッドスピードとは、インパクトエリアにおけるクラブヘッドの速度ですが、どうすればスピードアップできるかを説明しましょう。

ヘッドスピードの要素は、クラブの慣性エネルギーと、遠心力と求心力の引っ張り合いの2つです。

シャフトがもっとも長いドライバーが、スイングしたときの慣性エネルギーが大きく働きます。同じ力でスイングしても、シャフトが短いクラブほどスイングの弧が小さくなるため、ヘッドスピードが低下します。

私の場合、ドライバーは50～51メートル／秒、9番アイアンでは40メートル／秒です。ドライバーで目一杯振り回しているわけではないし、9番アイアンでスピードを落としているわけでもないのです。

そのクラブの長さによる慣性エネルギーによって、クラブヘッドのスピードが変化するだけにすぎません。スイングの動力となる骨盤の動きそのものは、どのクラブも同じです。

手打ちではカラダが使えず、ダフリなどのミスを招く

首の付け根に支点を意識すれば遠心力と求心力が釣り合う

　また、スイングの支点をどこに置くかでも、ヘッドスピードに大きな差が出てきます。

　手打ちの人の場合、手首をこねたり、ヒジを曲げたりして、カラダが使えていませんから、スイングの支点がグリップエンドになっています。

　それは、スイングの半径がクラブの長さだけになってしまっていることを意味します。

　支点を首の付け根と考えてみましょう。手先を使わず、腕もなるべく伸ばしたままにしておいて、カラダを使ってスイングするのです。

　そうすれば、スイングの半径はクラブの長さ＋腕の長さということになります。手打ちよりもスイングの半径が2倍近くにもなり、慣性エネルギーが大きく働いて、ヘッドスピードが上がります。

　腕を振らないで、首の付け根を支点と意識してスイングする。この考えは、遠心力と求心力の引っ張り合いにも通じます。

　遠心力とはスイングによって、クラブヘッドがカラダから遠く離れていこうとする力です。求心力は、クラブが遠くに行こうとする力をしっかり受け止める力のことです。

　支点である首の付け根を、スイングの軸と置き換えましょう。

　ダウンスイングからインパクトにかけて、遠心力にまかせて体が目標方向に流れると軸が大きく動きます。求心力を活用できず、ヘッドスピードが上がらないばかりか、インパクトの正確性を欠いてしまいます。

　首の付け根を一定の位置にキープし、腕とクラブの長さをスイングの半径とイメージして大きな円弧を描くように振り抜くことで、体の回転スピードもクラブヘッドのスピードも上がるのです。

　ドライバーのように距離を出したいクラブほど、こうした遠心力と求心力のバランスを意識してスイングしましょう。

ワッグルとフォワードプレスの流れでテークバックに移る

スイングの中で意識するのは、テークバックと切り返しだけであることは、既に説明した通りです。

ここでもう一度、26ページの両手にバランスボールを持って投げるドリルを思い出してください。

まず、テークバックですが、下半身主導でクラブを動かし出すには、反動を利用することです。アドレスが完成した後に、両足に体重を交互に乗せて、両足のワッグルをします。ごく小さな動きでも構いませんから、両足でリズムを感じておきます。

左、右、左、右と繰り返し、始動のタイミングをみはからって、左足に重心を乗せ、右足に移動させると同時にテークバックをスタートします。

スイングを始める前のワッグルとフォワードプレスによって下半身主導の動きが生まれ、クラブも一緒に動いていきます。

トップオブスイングまで上げた反動で、今度は骨盤を左に動かして重心を左足に乗せ、スイングの方向変換をします。

首の付け根が支点なら、スイングの半径が長くなり、慣性エネルギーが大きく働く。遠心力と求心力のバランスも整いやすい

スイングの途中の手やフェースの動きのチェックは不要

バランスボールを目標と逆側に投げるイメージでクラブを始動すると、加速しようとするクラブに引っ張られて腕が自然に上がり、コックも勝手にできてしまいます。

それを意図的に手首を折ろうとか、この方向にクラブを上げようなどと考えると、スイングが複雑になってしまうのです。バックスイング中、右ヒザを無理に止めておく必要もまったくありません。

重心の平行移動によって右足に体重が乗れば、自動的にトップオブスイングまでクラブが上がっていくのですから、テークバックでクラブが右腰の高さに上がったハーフウェイバックの位置や、トップオブスイングの位置を細かく考えても意味がないのです。

腰の高さでクラブを止めてシャフトの位置やフェース面をチェックしたり、トップオブスイングでの両手の高さやクラブの傾きなどを確認するのが間違いとはいいませんが、これに固執しては手や腕の動きばかりに目がいって手打ちになる恐れがあることを伝えたいのです。

フォワードプレスによる反動によって、下半身主導でテークバックできる

腕を振ろうとしなくていいから、肩が痛くても自然に上がる

「四十肩で腕が上がらないんだよ」と悩みを訴えるゴルファーがいます。「カラダが硬くて肩が回らないんだ」という人もいます。あなたもその一人かもしれませんね。

自分でそう感じていること自体、もう手打ちになっています。

何度も繰り返しますが、ゴルフスイングは腕を振らなくていいのです。それにスイング中は、両手を肩よりも高く上げる動作なんてどこにもありません。

直立姿勢のまま、前へならえの要領で、両腕を前に伸ばしてみてください。このとき、両手はほぼ肩と同じ高さです。そのまま両腕を右に回しましょう。そして、上体を前傾させればトップオブスイングの形となります。

前傾姿勢を作っているから、見た目にはトップオブスイングでは両手が肩よりも高く上がって見えるし、フィニッシュのフォームも同様です。

しかし、実際には両手は肩よりも高くは上がっていないのです。意識して両手を高く上げようとすると、四十肩の人は痛みを感じるし、思うように上がらないのは当たり前です。

カラダが硬くて回らないという人も、手や腕を先に動かして左肩を熱心に回そうとしますが、それは無駄な努力であって、バランスボールを右方向に投げるイメージで、骨盤の並行移動からスイングを開始し、胸をバックスイング方向に向けることだけを考えればいいのです。

私がそのようにアドバイスしたら、四十肩で悩んでいる人も、肩が回らないという人も、バックスイングが驚くほどスムーズになりました。痛みも感じずに、窮屈感もなく、腕がトップオブスイングの位置まで勝手に上がっていくことに、本人も眼を丸くしていました。

インパクトの瞬間は体重が右足にも残っている

ダウンスイングではクラブが重力にまかせて自然に下りてくるだけですから、ダウンスイングの始動で左足を思い切り踏み込むのは矛盾した動作です。

重心を左に平行移動し、体重が左足に乗れば、意図的な体重移動はもう完了です。90ペ

骨盤主導でスイングするから腕が勝手に振られてトップスイングに向かう

ージで解説したダウンスイングで右足を浮かせて腰を素早くターンするくらいに、左足への体重移動は一瞬のうちに終わりますが、体重の100パーセントが左足に乗るわけではありません。

実際のスイングは右足も地面に付いているわけですし、いっぺんに全体重を左足に移動すると上体が目標方向に流れてしまいます。

ダウンスイングで体重配分は左右均等、インパクトで体重の7割が左足といったところでしょう。右足にも体重を少し残しておくイメージが必要で、その意識が軸のキープにつながります。

左足への素早い体重移動で一気にフォロースルーに向かいますが、その一連の動きの中で、遠心力と求心力が引き合う瞬間を感じて欲しいのです。

カラダの軸をしっかり保つには、丹田《たんでん》と呼ばれる、おヘソの少し下の下腹部に力を溜めておくといいでしょう。軸が左に流れなければ、ボールを目標側に押すイメージで振り抜けるようになります。

腕を振ろうとせず、下半身主導でスイングできれば、フィニッシュまで前傾角度がほとんど変わらず、クラブを振り抜いた後も、いつまでもラクに立てます。

フィニッシュでバランスが崩れるのは、途

中で腕を使ってしまうために、前傾角度が保てなくなるからです。

スイングのタイミングやバランスにも着目する

　スイングの４大要素はリズム、テンポ、タイミング、バランスです。

　リズムとは調子のことで、人間が歩くときの固有の「イチ、ニ、イチ、ニ」のリズムを心がけるといいでしょう。

　テンポは速さで、重心の平行移動からくるヒップターンを意識します。この速さはゴルファーによって個人差があります。

　タイミングとは体の回転の速さにしたがい、ダウンスイングからインパクトにかけてクラブがリリースされるポイントを指します。ダウンスイングで肩や腕が先行するとカラダが早く開いてしまいますが、下半身を先行させればクラブが遅れて下り、タメが自然に生まれてヘッドスピードの向上につながります。このように「正しく振り遅れる」ことが重要なのです。

　バランスはヒップターンがしっかり使える、効率のいいカラダの回転のことです。アドレス時の背骨の角度に対してクラブが直角になるように構え、インパクトでも背骨とクラブが作る90度を再現すれば、骨盤の動きから生まれるパワーをボールに伝達しやすく、クラブヘッドの軌道も安定します。

インパクトでは体重の７割が左足に乗るイメージ。右足にも体重を残すことで軸が保てる

プロの連続写真の正しい見方を理解しておこう

ゴルフ雑誌やレッスン書には、必ずといっていいほどプロたちのスイングの連続写真が載っています。本書にも私の連続写真が掲載されていますので、ぜひ参考にしてください。

ただし、連続写真の見方を間違えると、逆効果になる場合があるので注意しましょう。

1つは、スイングの流れを想像し、動きのポイントを理解することです。

スイングの各パーツをひとコマずつ見れますから、自分が真似たいポジションや気になるポジションを、静止画としてとらえてしまいがちです。

参考にしたいポジションがあっても、その部分だけを模倣するのではなく、スイングの全体の流れや動きの過程を重視すべきです。

特にアドレス、バックスイング、トップオブスイング、インパクト、フォロースルー、フィニッシュという具合にコマが飛んでいる場合は、その間の動きをイメージしましょう。

また、写真で見ると下半身の動きがとても小さく、ゆえに腕や手が先行して見える部分は油断なりません。

特にテークバックは下半身がほぼ止まって見えるので、形だけを真似るのは危険です。下半身が動くから腕が自然に動くというスイングのメカニズムを正しく理解した上で参考にしましょう。

下半身が先行し、腕やクラブが遅れて下りてくるのが正しいダウンスイング

GAKU NAKAI

第４章

中井学がコーチする「フルスイングの完成」

７番アイアンの練習でスイングの基本をマスターしたら、ドライバーやショートアイアンなども使ってボールを打ってみましょう。
どのクラブもフルスイングですから、打ち方が特に変わるわけではありません。
ドライバーとサンドウェッジの中間的な7番アイアンに自信がつけば、他のクラブも打ちこなせるようになるはずです。

第4章

フルスイングの完成

1 ドライバーはハンドファーストの体勢でアッパーブローに打つ

ドライバーショットのレベルアップのポイントです。ボールをティアップして打つため、アイアンとはクラブの入射角が異なります。

POINT 1

ボールの位置は左ワキの前。両足を肩幅くらいに広げ、股関節が動きやすいようにガニ股気味に構える

腰がスエーしてしまうのは、アドレスで骨盤を正しく前傾していないのが原因

POINT 2

左ワキの前で、ボールをハンドファーストに打つ。スイング軌道の最下点を通過した直後がインパクトのポイント

両ヒザを内側に絞ると下半身が硬くなり、フットワークが使いにくい

右手に余分な力が入りやすい人は、左ワキの締まりを意識するとスイングが安定しやすい

バックスイングで肩を回しすぎると、ダウンスイングで右肩が突っ込んでしまう

上げたい気持ちが働くとダウンスイングで右肩が下がる

手打ちになっては腰が引けて体重が右足に残ってしまう

2 カラダから一番遠いヘッドを速く動かすには自分も速く回転する

どうすれば球を遠くに飛ばせるか？　多くの人は腕力にまかせて球を強く叩きにいこうとしますが、パワーよりもスピードが肝心です。

POINT 1

腕だけを速く振るよりも、胴体を速く回すイメージを持てば腕の動きにもスピードがつく

肩甲骨と股関節の能動的な動きによって、ゴルフスイングが成り立っている

POINT 2

ダウンスイングで左足への体重移動を速くすれば、クラブヘッドの加速力もアップする

カラダの回転スピードを上げれば、カラダから一番遠いクラブヘッドが一気にフィニッシュに向かう

腕を速く振ろうとすると、手がカラダから離れてしまう

下半身を止めては、腕の振りのスピード感が生まれない

3 フルスイングの完成

球をしっかりつかまえるには ダウンスイングで振り遅れろ

カラダが早く開くとフェースが大きく開き、コスリ球になります。フェースの芯でヒットするには「正しく振り遅れる」ことが重要です。

POINT 1

左ヒザをアドレスの位置に戻し、下半身先行のイメージを強くしてダウンスイングを実行

右足に体重が残るのも、カラダが早く開く原因になる

ダウンスイングで上体が先行すると、肩が早く開いてアウトサイドから下りてしまう

POINT 2

ダウンスイングでカラダを開くタイミングを遅らせる。正しい振り遅れによってインサイドから下り、球がしっかりつかまる

第4章

4 フルスイングの完成

ヒップターンで飛距離アップと方向性の安定をゲットできる

飛ぶけど曲がる。曲がらないけど飛ばない。飛距離と方向性は両立しないといいますが、曲がりが少なければ平均飛距離は増すはず。

腰の回転を考えず、腕だけを振ろうとしては、腰が止まってフットワークが使えない

POINT 1

トップオブスイングからの切り返しで、特に腰を速く回す。シャープなヒップターンがパワーの源

素早いヒップターンは振り抜きをスムーズにし、ミート率を上げる効果が高い。方向が安定し、飛距離もアップする

POINT 2

スイングの動力となるのは股関節。骨盤の動きから発生するフットワークを心がけよう

5 飛距離アップの練習をするなら足し算式でスイングを作ろう

飛距離を確実に伸ばすための練習法です。いきなり全力のスイングをしても、バランスを崩しますから、最小の距離から打ちましょう。

POINT 1

自分の最小の飛距離から10ヤード刻みで距離を伸ばしていく練習をする。中井学の場合、最小は160ヤード、最大で280ヤード

POINT 2

最小の距離を打つときも、カラダをどこも緩めずに、ゆっくりした動きでフルスイングする

ゆっくり上げようとして、手先だけの動きになってはいけない

トップオブスイングが緩んでオーバースイングにならないように注意

POINT 3

最小の距離から伸ばしていけば、自分なりのマックスの距離を確実に打てるようになる

6 スライスを直したいときこそ振り遅れる感覚が重要だ

厄介なスライス病が一発で治ってしまう魔法の特効薬です。勘違いを解くだけで、スイング軌道が整い、ミート率がアップするのです。

POINT 1

アウトサイド・インの軌道でコスリ球になるスライスもあるが、現在のスライスは大半がプッシュ型だ

腕が先行してあおり打ちになり、最初から右に出て、さらに右に曲がるプッシュスライスに悩むゴルファーが圧倒的多数

ダウンスイングでクラブがインサイドから低く下りて、フェースが大きく開く

POINT 2

肩の開きを抑え、正しく振り遅れれば、クラブがボールに対してインサイドから下りる

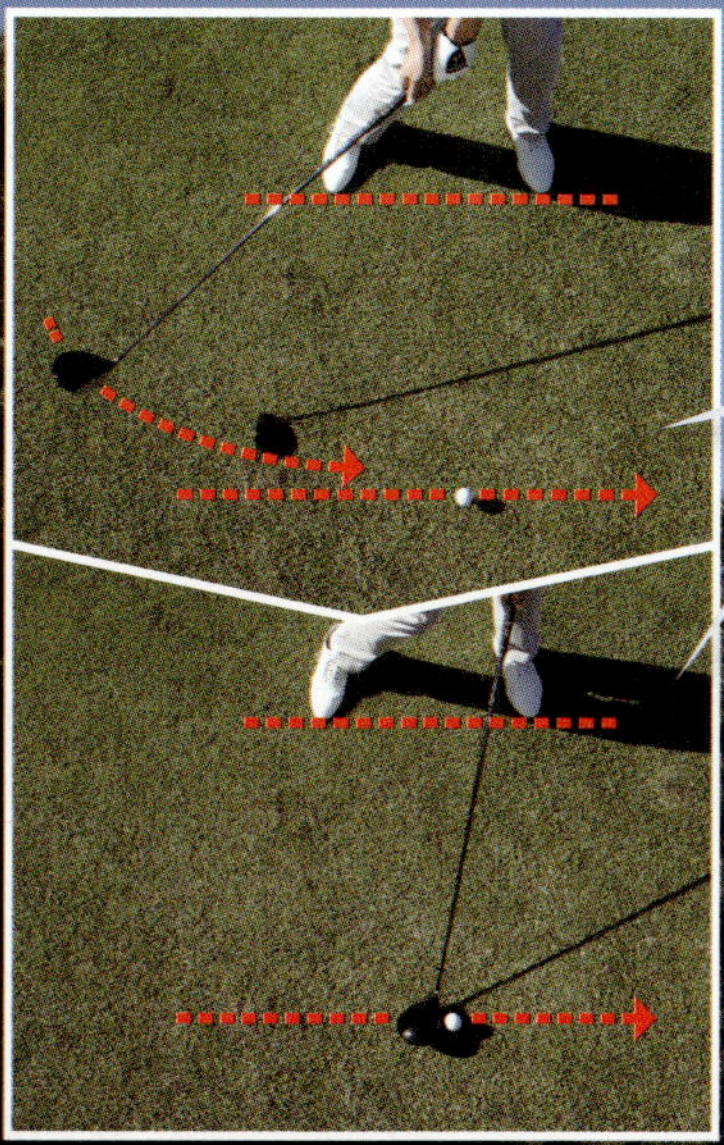

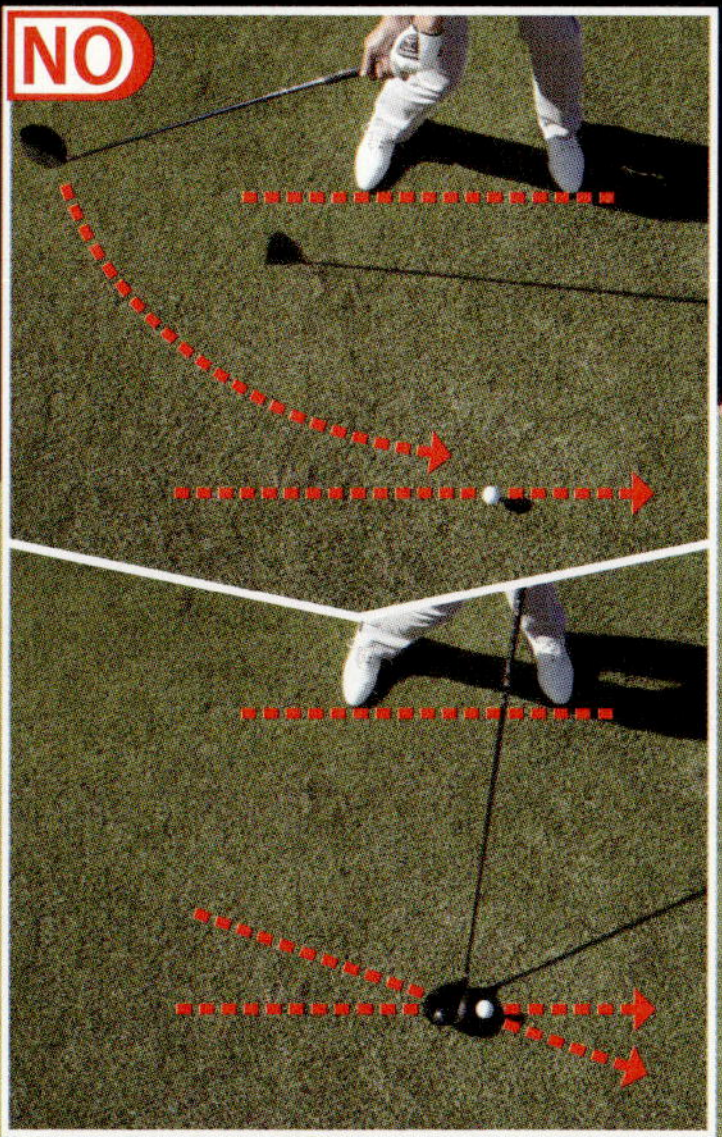

正しくインサイドから下りても、自分の眼の位置からはアウトサイドから下りて見えるために、もっと内側から下ろそうとする。これが間違いのもとだ

中井学のドライバーショット・・・①

中井学のドライバーショット・・・②

7 フェアウェイウッドは飛ばしよりコンパクトに振るのが第一

フェアウェイウッドは距離の出るクラブですが、コースでは平坦な場所から打てる状況は意外に少ないもの。大振りは避けるべきです。

POINT 1

フェアウェイウッドもボールの位置は左ワキの前。体重を左右均等に乗せて構えよう

POINT 2

スイングはコンパクトでも、フットワークを積極的に使い、下半身主導でスイングする

POINT 3

大きく振る必要もなければ、飛ばす意識もいらない。7番アイアンの延長のつもりでスイングしよう

フィニッシュでもバランス良く立てるようなスイングを実行すれば、大半のミスは防げる

8 3番ウッドは地面スレスレの低いライナーを想定して打とう

ドライバーと違い、芝の上にあるボールを打つときは、すくい打ちになりがち。特にボールが上がりにくい3番ウッドは要注意です。

POINT 1

目線を水平にし、両肩のラインがなるべく地面と平行となるようなアドレスを作るといい

地を這うような低い弾道をイメージしてスイングすれば、すくい打ちのミスが解消される

POINT 2

高い球をイメージすると目線が高くなり、右肩下がりの構えになる。これが、すくい打ちの原因

ダウンスイング後に上体が目標方向に突っ込むのもミスのもと

目線を水平にすることで、クラブがレベルに下り、3番ウッドのロフトなりの弾道となる

9 アイアンはハーフトップ気味に打つのがミート率を上げるコツ

アイアンは狙ったターゲットに正確に運ぶためのクラブ。それなのにダフってばかりという人は、どこに原因があるのでしょうか。

POINT 1

アマチュアの大半は、ボールよりも地面に対しての距離感で打つために手前をダフる

カラダが突っ込んでしまう人は、高くティアップしたボールをうまく打てない

ボールを高くティアップし、頭の高さをキープしてクリーンヒットする練習が効果的

POINT 2

ボールに対しての距離感を意識してスイング。ハーフトップ気味にとらえるのが正解だ

10 リーディングエッジを赤道の少し下に入れるからバックスピンがかかる

アイアンショットの精度を上げるための考え方です。クラブの入射角とボールの回転量の安定化が、レベルアップの絶対条件です。

POINT 1

ボールの赤道のやや下に向かって、リーディングエッジを上から入れればキレのいいアイアンショットが打てる

POINT 2

ボールコンタクト後もクラブヘッドが下降し、適切なバックスピンがかかって飛んでいく

インパクト後もヘッドを低く真っ直ぐ出すイメージ。コースならボールの先の芝を取る

NO

フェースの刃をボールの真下に入れようとすると適切なバックスピンがかからず、すくい打ちのミスにもつながる

11 スライスとフックを打ち分ける 練習も上達に欠かせない

球を真っ直ぐ打つだけがゴルフではありません。カラダの向きを変えてアドレスし、意図的に左右に曲げる練習も積んでおきましょう。

スクエアな構えからクラブを少し右に傾けてフェースを寝かせる。右に移動したグリップエンドに対して構えれば、オープンスタンスのアドレスができる

スライスを打つときは、左のグリーンエッジに対してスクエアに構えてから、右に曲げるためのアドレスを作る

POINT 1

スタンスの向きに沿ってスイングする。左のグリーンエッジに飛び出して、ピンの方向に曲がるスライスとなる

スクエアな構えからクラブを少し左に傾けてフェースを立てる。左に移動したグリップエンドに対して構えると、クローズスタンスのアドレスになる

POINT 2

フックの場合は、右のグリーンエッジに対してスクエアに構えてから、左に曲げるためのアドレスを作るといい

この場合もスタンスの向きに沿って振る。右のグリーンエッジに飛び出してから、ピンのほうに曲がるフックとなる

12 インパクトで止める練習で打点の安定化を目指そう

腕や手よりもクラブヘッドを速く動かしてインパクトします。この練習で、球をしっかりつかまえるメカニズムがよく理解できます。

POINT 1

インパクトの瞬間に手元を止めるつもりで打つ。クラブヘッド側がスピードアップする

手元がカラダから離れず、両ワキを締めてインパクトするイメージ。これがミート率を上げるコツだ

POINT 2

インパクトでスイングを
終えるイメージで打つと、
カラダの正面でボールを
とらえられる

インパクトで止める気持ちで打っても、
惰性によってフォロースルーの位置ま
で出て行く

NO

腕を速く振ろうとして、
手元が大きく動くと、
ヘッドが走らない

13 ショートアイアンこそ両手を肩よりも高い位置に上げない

どんなクラブでも、両手を肩よりも高く上げる動きはいりません。シャフトが短いクラブほど、振り幅が小さくなるのが自然なのです。

POINT 1

7番アイアンより短いクラブはコンパクトに振るため、両手の高さは肩までを限度にする

トップオブスイングとフィニッシュの両手の高さは左右均等。フルスイングの7～8割のスリークォータースイングのイメージでいい

POINT 2

10割の力で振り回すと打点が安定せず、飛距離にバラツキが出てしまう

無理に振り切ろうとせず、クラブの遠心力にまかせてフィニッシュへと導かれるイメージ

第4章 フルスイングの完成

14 右手首の角度を変えずにコンパクトフィニッシュを作る

クラブが短ければ、首の支点からクラブヘッドまでのスイングの半径が短くなります。そのため、遠心力の活用を抑え気味にします。

POINT 1
アドレス時に、自分から見て軽く「く」の字に折った右手首の角度は最後まで変わらない

POINT 2

方向と距離感の誤差を少なくしたいクラブこそ、リストを使わないでフェースをスクエアに保つことが大切

右手の甲が上を向くとフェースがかぶり、左に引っかけてしまう

インパクト後で右手首が伸びると、ショットの方向が安定しない

第4章 15

どんなクラブでも下半身主導で正しく振り遅れる原則は同じ

ドライバーは慣性エネルギーを利用して飛ばすクラブ

ドライバーは14本の中でシャフトがもっとも長く、慣性エネルギーが大きく働くクラブです。首の付け根を支点と考えて、スイングの半径を大きくするだけでヘッドスピードがアップし、飛距離が伸びます。

飛ばそうとして腕力まかせに振り回すのは、手打ちの一種です。手首の角度が変わったり、ヒジが大きく折れたりしては、スイングの支点がグリップエンドとなります。渾身の力を込めて腕を速く振っている割には、ヘッドスピードが上がらないのです。

骨盤を意識し、下半身主導でスイングしましょう。手や腕の存在はいっさい頭から切り離して、ヒップターンを実行すること。大きな筋肉を有効に使えますから、腕や手に力を入れなくても、ボールにパワーが伝わり、キャリーがぐんぐん伸びていきます。

力がいらない理由は、ドライバーがもっとも軽いクラブであることも関連しています。ただし、慣性エネルギーが大きく働きますから、スイング中に両手のグリップが緩まない範囲でしっかり握っておくことが重要です。

振り遅れまいと腕を早く振るからスライスになる

ドライバーのスライスがどうしても直らな

い。ゴルファーの9割がスライサーといわれるほどですから、深刻な悩みを抱えている人も相当多いことでしょう。

でも、安心してください。ちょっとした誤解を解くだけで、スライスは簡単に直ります。

スライスには目標の左に飛び出して、途中から右に戻ってくるヒッカケ型のスライスと、目標よりも右に出て、さらに右に曲がるプッシュ型のスライスの2つがあります。

ダウンスイングでは下半身が先行し、腕やクラブが遅れてくるのが正しい動きです。

スライスが出るのはダウンスイングでカラダが早く開き、クラブが振り遅れてフェースが開くからだと考えている人が多いのですが、それは違います。

振り遅れないように腕を速く振ろうとすると、手ばかりが先行してしまい、インパクトでフェースが余計に開きます。また、切り返しで肩や腕を先に戻そうとして、右肩が前に出てしまいます。これが肩の早い開きにつながり、アウトサイド・インの軌道でカット打ちしてしまい、スライスが発生するわけです。

ダウンスイングでは下半身が先行しますが、胸まで開かないことです。胸を開くタイミングを遅らせることで、腕やクラブが遅れて下ります。

要するに、振り遅れが悪いのではなく、正しく振り遅れることが大切なのです。

プッシュスライスは意図的にインサイドから下ろすのが原因

以前はどちらかといえば、ヒッカケ型スライスのほうが多く見られましたが、現在はクラブヘッドの体積が大きくなったことも原因して、プッシュ型スライスが圧倒的多数です。

スライスの大半はアウトサイド・インの軌道によるカット打ちが原因であるといい伝えられたため、それを嫌がってインサイドから低く振り下ろそうとする人が増えたようです。その結果、突っ込み打ちよりも、あおり打ち型のスライスが増加したのです。

また、ゴルファーの目線からくる錯覚によってもプッシュスライスが多発します。

アドレスしたときの両眼の位置と、クラブヘッドやボールの位置は違います。当たり前のことですが、この事実を軽視すると、ダウンスイングの軌道を間違えてしまうことになります。

下半身を先行させて、胸の開きを遅らせれば、クラブヘッドが飛球線の内側から正しい角度で下りてきます。ところが、自分の眼からはどうしても飛球線の外側から下りて見えるために、もっとインサイド方向から下ろそうとしてしまうのです。

結果的にダウンスイングでクラブが寝た状態で下りてきて、フェースが開くために、右から右へと曲がる最悪のスライスが生じるのです。

プロたちの連続写真でも、飛球線の後方側から見た場合、ダウンスイングでクラブをインサイドに下ろしているように見えます。しかし、これは意図的にインサイドから下ろしているのではなく、正しい振り遅れによる軌道にすぎません。

下半身主導を強くし、胸の開きを遅らせれば、クラブを正しく振り下ろせてスライスが防げる

重心移動とスピードの変化で距離をコントロールする

ドライバーの飛距離アップを目指すには、

ヒップターンを速くする事が肝要ですが、いきなりマックスの距離を求めるのは難しいでしょう。

力を入れすぎるために、結局は手打ちの癖が身に付いてしまい、上達の妨げになる危惧もあります。

そこで、私が勧めたいのは、足し算式の練習です。

フルスイングでボールを打ちますが、最初は自分の最小の距離を打ってください。振り幅は通常と同じでも、骨盤の動きや体重移動のスピードをできるだけ落とし、クラブをゆっくりと振るのです。

距離を落とすとしても、振り幅を小さくしようと手先で振ったり、スイングを緩めたりしてはいけません。

仮に140ヤード飛んだとしたら、次は10ヤードプラスして150ヤード打ちましょう。こうして、スイングのバランスを整えながら、10ヤード刻みで距離を伸ばしていくのです。

重心移動量とスピードを徐々に上げていき、どうしたら飛距離が伸びていくのか。どこに力を入れたらいいのかを、カラダで感じ取ってください。

ゆっくり振って、ミニマムの距離を出す場合、クラブの慣性エネルギーの力が小さくなります。その分、骨盤とか体幹の捻りをしっかり使わなくてはなりません。つまり、ゆっくり振るほど筋力を要するのです。

マックスのスイングばかりで球を打っていると、距離をコントロールしたり、振り幅を加減したりしたいときに、スイングに緩みが生じて手打ちになりがちです。ミニマムのスイングもしっかり練習をしておけば、コントロールショットのマスターにも大きく役立ちます。

こうしたことをカラダで実感しながら、距離を伸ばしていく練習を積むことで、本当のロングヒッターになれます。

また、飛距離と方向性は両立しないという人もいますが、それは逆です。ヒップターンを早くすれば、腕や手の無駄な動きをシャッ

トアウトでき、インパクトの正確性が向上します。

ショットの方向が安定すれば、誰だって平均飛距離が伸びるはず。飛距離と方向性は両立するのです。

フェアウェイウッドは球を上げようと思わないこと

ティアップしたボールを打つドライバーショットの場合は、アッパーブローにボールをとらえますが、芝の上にあるボールを打つフェアウェイウッドのショットはミドルアイアンに近い感覚です。

といっても、スイングのイメージがドライバーと変わるだけでなく、クラブの重さをボールにぶつけるという意味ではまったく同じです。

ヘッドの形状がドライバーに近いせいか、すくい打ちになってしまう人が多いのですが、「球を上げたい」心理は直ちに手打ちのミスを引き起こします。

下半身主導の動きを意識するだけで、ダウンスイング後に体重が右足に残ったり、手をこねたりすることがなくなるはずです。

5番や7番のようにロフト角が多めのフェアウェイウッドはボールが上がりやすい利点がありますが、高い弾道をイメージして構えると、すくい打ちになりやすい点に注意してください。

特に3番ウッドのようなボールが上がりにくいクラブほど低い球を想定してアドレスし、地面を這うような低い球を打つ気持ちでスイングすることです。

練習場ではハーフトップ気味に打つのが本当の練習だ

アイアンショットはダウンブローに打つのが原則です。しかし、ボールのどこに向かってクラブを振り下ろせばいいかを正しく理解していないゴルファーがとても多いのが現状です。

大半の人は、ボールの下にクラブヘッドを入れようとします。実は、これがダフリの元凶なのです。

　練習場のマットならクラブヘッドが滑っていきますから、ダフった感触がほとんどしないかもしれません。しかし、コースの芝では明らかなダフリとなります。

　クラブヘッドがスイング軌道の最下点に到達する直前にボールをとらえるのが正解です。

スイングの最下点に向かう軌道上でインパクトを迎えるのが正しいダウンブロー

フェースの刃をボールの真下に通すのではなく、ボールの赤道よりも少し下にフェースの刃を当てて、そのまま下に向かうことでボールにバックスピンが加わり、揚力によって飛んでいくのです。

　練習場のマットで打つ場合は、ハーフトップ気味にとらえるのがアイアンショットの本当の練習です。

曲げるときは打ち出す方向にフェースを向けるのが原則

　7番アイアンなどを使って、ボールを左右に曲げて打つ練習はコースマネジメント力をつける上でとても有効です。

　スライスやフックを打ち分けるテクニックをマスターしておくと、自分の持ち球を安定させる、ミスの原因を速やかに突き止めてスイングを修正する、ピンの位置や風向きによって球筋をコントロールする、など幅広く応用できます。

球を曲げる方法ですが、スライスの場合は目標よりも左を向いてアドレスします。グリーンの中央にピンが立っていて、左端のグリーンエッジの方向に打ち出し、途中から右に揺るやかに曲がり、ピンの真上から落ちるような球を打つとしましょう。

まず、ボールを打ち出す方向、つまり左端のグリーンエッジに向かってスクエアに構えます。次にフェースの向きを変えずに、クラブを少し右に傾けます。フェースを少し寝かせて、グリップエンドを右に動かすのです。

そして、右に移動したグリップエンドに対して構えれば、フェースは左のグリーンエッジに向いたままで、カラダは左のグリーンエッジよりもさらに左を向いたアドレスが作れます。あとは、スタンスの向きに沿ってスイングするだけです。

ボールの方向を決めるのはフェースの向きで、球筋を決定づけるのはスイング軌道なのです。これを正しく理解してください。

フェースをピンのほうに向けておいて、カラダを左のグリーンエッジに向けて構えるのは間違いです。ボールがピンのほうに飛び出し、アウトサイド・インの軌道によって、ピンよりも右に曲がってしまいます。

フックを打つ場合は、右のグリーンエッジを向いてスクエアに構え、それからクラブを少し左に傾けて、左に動いたグリップエンドに対して構えれば、右のグリーンエッジよりも右を向いたアドレスができ上がります。

ピンに真っ直ぐ向いて構えたとき、7番アイアンでピッタリの距離であれば、スライスを打つ場合はフェースを寝かせるため、距離が落ちます。

同じ距離を打ちたいのであれば番手を上げて6番アイアンを選択しましょう。

フックはフェースを少し立てますから、距離が伸びます。番手を下げて8番アイアンを選択すると距離が合います。

GAKU NAKAI

第５章

中井学がコーチする「ショートスイングの完成」

ショートスイングとは、アプローチやバンカー、パッティングなど振り幅が小さいスイングのことです。

目標までの距離が近いので、ボールを飛ばす必要はありませんが、手打ちになってはいけません。

手先が主体のスイングがミスを誘うことを、この章でもしっかり認識してください。

第5章

1

ショートスイングの完成

高い弾道でグリーンに乗せる100ヤードのショットを習得

ウェッジを使い、高さを出す100ヤードのショットの練習です。球筋はフェード系で、グリーンに乗せて止めたい状況で用います。

軽いオープンスタンスに構える。打ち出しを高くしたいので、ボールの位置は左ワキの前

POINT 2

トップスイングとフィニッシュの高さは肩くらいまで。下半身先行の動きを心がけて、両手の握りの強さを変えずにスイング

クラブはアプローチウェッジが基本。人によってはピッチングウェッジや9番アイアンでもいい

グリーンの手前にバンカーなどのハザードがあるケースや、ピンが手前側のときは高い球で攻めるといい
POINT 1

2 低い弾道の100ヤードのショットもスコアメイクに必要

ボールを低く打ち出す100ヤードのショットです。球筋はドロー系で、グリーンの手前から転がして乗せたい状況で役立ちます。

スタンスをさらに狭くし、ボールを右寄りに置いてハンドファーストに構えよう

POINT 2

フェースを立てて構えるので、スイングの大きさは胸くらい。フォロースルーは低く止めるイメージで打つ

振り幅が小さめのスイングで100ヤード転がす
練習を普段から積んでおこう

POINT 1

強い風が吹いていて距離のコントロールが難しい場合や、ピンが奥のときは、低い球で転がしてグリーンに乗せることを考える

3 50ヤードの高い球と低い球を打ち分ける練習を積んでおこう

100ヤードの高低の打ち分けの50ヤード版です。ピンの位置や風の強弱に応じて使い分けます。クラブはサンドウェッジが基本です。

ボールを左ワキの前にセットし、胸のくらいの振り幅でスイング

POINT 1

グリーンの手前がバンカーなどの障害物があり、ピンが手前側のときは、キャリーでピンの真上から落とす作戦が有効

ハンドファーストの構えから、クラブヘッドを低く出すイメージで打つ

ボールの位置がアゴの前となるように構える

POINT 2

グリーンの手前に障害物がない場合や、風が強くて高い球で寄せるのが難しいときは、ランを活用して手前から転がして攻める

第5章 ショートスイングの完成

4 グリーン周りのアプローチはSWのピッチエンドランが基本

グリーン手前の花道付近からのアプローチです。グリーンがやや高くなっているため、大体は緩やかな左足上がりのケースとなります。

POINT 1

サンドウェッジのソールが芝に均等に触れるように構える。ボールはスタンスの中央

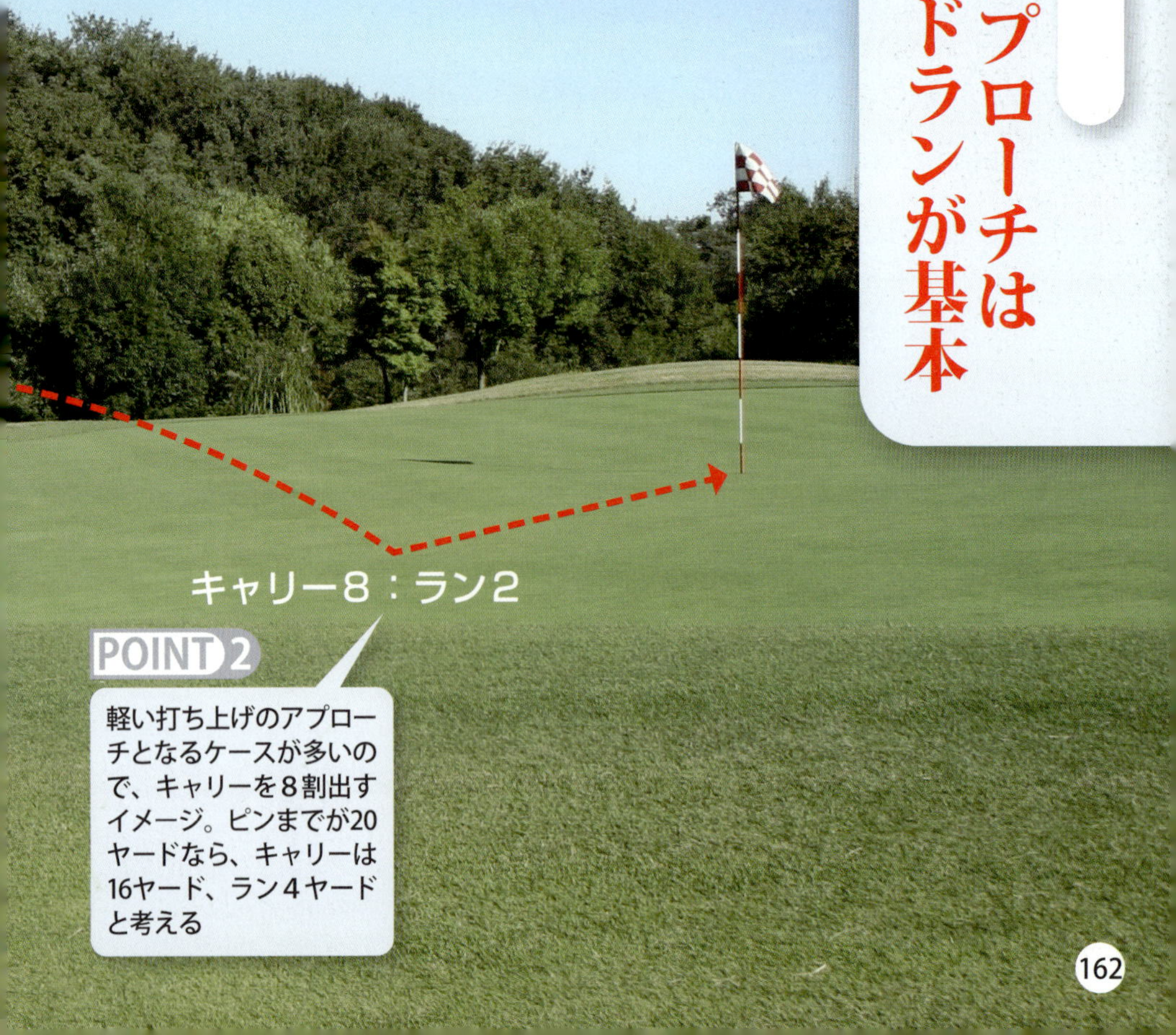

POINT 2

軽い打ち上げのアプローチとなるケースが多いので、キャリーを8割出すイメージ。ピンまでが20ヤードなら、キャリーは16ヤード、ラン4ヤードと考える

やや左足上がりのライとなるため、軽いインサイドアウトの軌道で斜面に沿って振るといい

5

アドレスは右足を左足に寄せて左足体重に構えるだけでいい

アプローチのアドレスの基本形です。ザックリやトップを未然に防ぐための体重配分やボールポジションをしっかり学習しましょう。

POINT 1

フルショットのアドレスを作り、そこから右足を左足に近づければアプローチの構えができる

ボールを右に置きすぎると鋭角に打ち込んでしまうことになり、ザックリが生じやすい

POINT 2
左腕とクラブが一直線となるようなハンドファーストの体勢を作り、体重の7割を左足に乗せる

ボールの位置は左眼の真下を基準にするといい

6 振り幅の小さなスイングでもフットワークは欠かせない

POINT 1

フォワードプレスの感覚で下半身主導の動きを意識する。腕や手はいっさい使わないこと

スイング中の体重移動は少ないが、骨盤を左右に動かし、ニーアクション（ヒザの動き）を使って打とう

アプローチショットは振り幅を小さく抑えるため、つい手先の動きだけで打ってしまいがち。下半身を使って打つことが重要です。

POINT 2

太くて強い筋肉によるフットワークを使えば軌道が安定して、インパクトが正確になる

NO

下半身を固定し、手先でクラブを操作するとザックリやトップを招く

7 低く転がして寄せるならPWのヒールを浮かせて構えよう

低く転がすのはボールがグリーンエッジに近く、ピンが遠い場合などに限られます。クラブはパターかピッチングウェッジを使います。

POINT 1

ピッチングウェッジで転がす場合は、手元を高くし、ヘッドのヒール側を軽く浮かせる

ヒールを浮かせる分、ボールの近くに立ってハンドアップに構えるのがコツ

POINT 2

クラブを吊り気味に構えることで、振り子のイメージで直線的な軌道で振れるのが利点

スイングはパターのストロークに近い。グリップエンドがカラダを指したままで振る。ヘッドの開閉がない分、大きく振っても距離が出ないので、大きめにストロークしよう

8 バンカーショットはSWのフェースを寝かせてから構える

バンカーショットのアドレスの作り方です。意識してなくても、自然にダフれるような体勢で構えれば、脱出がやさしくなります。

POINT 1

サンドウェッジのフェース面を上に向けて、クラブを右側に傾ける。右に移動したグリップに対して構えれば、オープンスタンスのアドレスが完成

クラブを傾けたら、ボールを中心にしてカラダを反時計回りに動かす。肩やスタンスの向きはピンよりも左となる

POINT 2
カラダが右に回り込むと、カラダの中心軸はボールよりも右側。スイングの最下点がボールよりも右となり、自然にダフれる

フェースを寝かせて構えれば、インパクト時の砂の抵抗が軽減され、振り抜きがスムーズ

9 足場を無理に固めず、滑らかなフットワークを使えば脱出成功

バンカー＝砂場なので、フェアウエイよりも足場が不安定です。しかし、下半身を固定しようとすると、かえってミスを招きます。

POINT 1

ボールの周りの砂を前に飛ばすつもりで、骨盤を平行に動かし、体重移動を使って打とう

ボールを上げようとして、インパクトで軸が右に傾いてはいけない

フェースを開いて構えるので、大きく振っても飛ばない。フルスイングの４分の３くらいの振り幅は必要

POINT 2
フットワークは使うが、両ヒザの角度を変えない。両ヒザのラインが崩れないように、できるだけ飛球線と平行に保つ

10 手元を高く上げずに、シャフトを立てるイメージでスイング

バンカーショットのスイングのポイントです。フットワークが主体ですが、手首の使い方も学習しておくと、いっそう自信がつきます。

POINT 1

バックスイングとフォロースルーでクラブを立てるイメージであれば、コックが正しく使える

スイング中、手元をできるだけ低くキープすれば、ヘッド側が高く上がる

クラブヘッドのスピード感が増すので、フォロースルーへとしっかり振り抜ける

インパクトで手元が高くなると、上体が起き上がってミスを招く

すくい打ちになっては、クラブがインサイドから低く下りてくる

POINT 2

コックをほどきながらインパクトすれば、力を入れなくてもヘッドで砂を強く叩けて、ボールが勝手に出て行く

11 眼を動かさなくても見える位置にスパットを想定しよう

パッティングでは、ボールのすぐ先に何か目印を見つけておくことで、ラインに乗せやすくなります。この目印がスパットです。

ボールの位置は左眼の真下が基本。スパットは目玉を動かさなくても見える位置に想定する

POINT 1

POINT 2

ボールのすぐ先に想定したスパットに対して、フェース面を真っ直ぐ向けることが重要だ

構えたときの視線のままで、目標物をはっきりと認識できる視界は意外に狭い

スパットの位置が遠いと、ストローク中に顔の向きが変わってしまう

スパットをボールの近くに置けば、目線を動かさずにストロークできる

12 みぞおちを動かすイメージで体幹を使ってストロークする

ストロークの軌道を安定させるためのポイントです。アプローチより振り幅が小さくなりますが、決して手打ちになってはいけません。

POINT 1

みぞおちからパターが生えているイメージ。カラダの中心とパターを一緒に動かす感覚でストロークするのが基本

肩と手だけを動かす意識では手打ちのストロークとなり、軌道が安定しない

インパクト前に顔がカップを向いてしまうと、フェースの芯で打てない

ボールの先のスパットを見たままストロークすれば、ヘッドがスムーズに出て、ボールがラインに乗りやすい

POINT 2
肩や腕、手は使わず、みぞおちを意識しよう。体幹の捻りを使うのが正しいストロークだ

13 体幹のネジレの大小で振り幅と距離感をコントロールする

パッティングの際の、筋肉の使い方を体感するドリルです。ロングパットもショートパットも同じ筋肉を使ってストロークします。

お腹に当てたヘッドカバーを左右に速く振ってみよう。みぞおちを使う感覚がよくわかる

POINT 1

ショートパットでは、みぞおちの捻りを小さく使ってストローク。手首をこねないように注意

ロングパットでは、みぞおちの捻りを多く使い、振り幅を大きくしてパターを振る

POINT 2

みぞおちの捻りを使う感覚は、スムーズなフットワークにもつながる。どんなに小さなストロークでも、下半身のリズム感が必要

14 方向と距離に対する眼の使い方はパッティングでは特に有効

眼の使い方次第では、パッティングの結果に大きな差が出てきます。62ページでも解説したように、目標の見方がキーポイントです。

POINT 1

ラインをイメージし、球を打ち出す方向を確認するときはラインに正対した位置から見る

ラインに正対して素振りする場合は、方向を意識すること

ラインと平行に立って素振りする場合は、距離感を意識する

POINT 2

アドレスの位置から眼を交差させてカップやラインを見るときは、距離感をイメージする

15 アプローチのような小さなスイングほど筋力を要する

100ヤードを一定して打てるクラブを選択しよう

100ヤードの距離を作ることは、スコアメイクの必須条件といえます。

短いパー4の第2打や、パー5の第3打など100ヤード前後のショットの機会は意外に多いものです。

グリーンの直径は少なくとも30ヤードはありますから、ピンまでがちょうど100ヤードとして、ピンがグリーンの真ん中に立っていれば、前後左右15ヤードの誤差以内なら、グリーンオンを果たせます。

手前にショートしても85ヤードが打てれば、辛うじてグリーンに届きます。ピンをオーバーしても115ヤードで止まればグリーンの奥からこぼれません。

ピンやグリーンを直接狙うショットでは、左右の方向よりも、前後の距離感を重視するのが原則です。距離をコントロールすることを第一に考えれば、方向の安定性も自然に向上します。

普段の練習においても、100ヤード先に目標を設定し、100ヤード地点を中心とした半径15ヤード大の円をイメージして打ちましょう。

私の場合はアプローチウェッジを使いますが、目一杯振らないと届かないのであれば、ピッチングウェッジや9番アイアンでも構いません。女性ゴルファーなら7〜8番アイアンでちょうどいいという人が多いでしょう。飛ばすことが目的でなく、7〜8割の加減でスイングし、一定した距離を打つのがこの練習のテーマです。

低い球はランを活用したいのでドローのイメージで打つ

100ヤードのショットでは高い球だけでなく、低い球でグリーンを狙うショットもスコアメイクに奏功します。

芝が薄いフェアウェイやディボット跡にボールがある場合や、風が強い日などは、ウェッジで高い球を打とうとすると、ザックリやトップなど思わぬミスを招くケースがよくあるからです。

低い球でグリーンの手前から転がす場合は、ボールを右寄りに置いて構え、スイングの振り幅を肩よりも下に抑えます。高い球と比べると、トップオブスイングとフィニッシュが低くなるわけです。

高い球はグリーンに直接乗せて、ランを抑えたいので、球筋はフェード系となります。低い球はランを活用してグリーンに乗せるのでドローのイメージで打つのがコツです。

100ヤードに限らず、50ヤードも高い球と低い球を打ち分ける練習を積んでおくと、100ヤード以内のコントロールショットのバリエーションが広がり、様々な場面の対応力が身につきます。

アプローチショットの王道はピッチエンドランだ

グリーン周りからのアプローチショットでは、ボールを上げて転がすピッチエンドランが主体です。

ボールがグリーンエッジのすぐ近くにあれば、パターや9番アイアンなどを選択して転がすのもいいでしょう。

しかし、日本のコースの場合、グリーンが高くなっていることが多く、奥から手前に向

ピッチエンドランで寄せることを第一に考えるとスコアメイクしやすい

かって下っている受けグリーンが大半です。グリーン手前の花道からのアプローチや、グリーンの真横からのアプローチでは、大抵は打ち上げとなります。

軽い左足上がりの斜面から打てば、ボールが上がりやすいわけですから、キャリーを多めに出して寄せるほうが、無理がないのです。斜面に沿ってスイングするためにも、ややインサイド・アウト気味に振り、ボールに軽いドロー回転をかけるとなおよいでしょう。

私自身は、キャリー8、ラン2の割合で打つことが多く、これは自分の経験値によるものでもあります。自分なりのキャリーとランの比率を把握し、ピッチエンドランで寄せるテクニックに磨きをかけてください。

ラクなアプローチスイングは手打ちになっている証拠

アプローチのような振り幅が小さいショットでも、フットワークは絶対に必要です。

下半身を完全に止めて、腕だけでクラブを振ろうとすると、インパクトで両手が先行したり、手首をこねたりして、フェースの芯で正確にヒットできません。インパクトが詰まり、ザックリも多発します。

フルスイングと比較すれば骨盤の平行移動と重心移動はかなり少ないとはいえ、下半身は決して止めないことです。

下半身が強くない人ほど、足腰を無理に固定せずに、両ヒザの送りを使うフットワークを意識しましょう。

腕や手はいっさい使わずに、下半身主導で

スイングする。腕や手など小さな筋肉は器用がゆえに、フェースの向きやクラブヘッドの軌道にイタズラしてしまうのです。両手にクラブの重量を感じておくだけで、腕や手のほうを固定し、腰から下を使えばアプローチショットの正確性がかなり向上するはずです。

重心移動を少なく抑え、振り幅の小さいスイングを実行するには、フルスイングのようなスピードや慣性モーメントが使えないため、かえって筋力を要します。

もし、ラクに感じられたら、手打ちになっている証拠。骨盤の動き自体は小さくても、体幹の捻りをしっかりと意識することが重要なのです。

バンカーショットでも フットワークを積極的に使う

バンカーショットに強くなるには、砂の感触に早く慣れるのが一番です。しかし、バンカー練習場がなくても、イメージ練習はいくらでもできます。

練習マットでボールを打つなら、実際のバンカーショットと同じように、サンドウェッジのフェースを開いて構え、ソールでマットを叩くことを学習しましょう。

フェース面が上を向くくらいまで開いているのですから、クラブヘッドをボールの下に通すイメージで打ち抜くのがコツです。

トップしてもシャンクしても結構ですから、ボールの行方は気にしないこと。とにかく、ソールでマットを叩き、クラブヘッドが跳ね返ってくる惰力でフォロースルーへと出すことを心がけてください。

バンカー内から打つ場合は、足場を安定させようとして両足を固めてしまうゴルファーをよく見かけます。下半身をセメントのように硬直させてはフットワークが使えず、手打ちの結果になるだけです。

インパクトで砂の抵抗を受ける分、アプローチショットの3倍の振り幅は必要ですから、当然フットワークもそれなりに使わなくては

なりません。

骨盤が動きやすいように構え、重心移動をしっかり使えば、スイングのバランスが整います。重心移動を使わず、手で打とうとするから、スイングのバランスを崩してしまうのです。

重心移動を使って、ボールの周りの砂を弾き飛ばすのがバンカーショットの極意

みぞおちを意識すると体幹でストロークしやすい

パッティングのストロークは、14本のクラブの中で最小のスイングです。

動きが小さいから、手先で操作すればいい。そう思われがちですが、この誤解がパッティングの上達を遅らせるのです。

確かに、手先だけでもパターを振ることは誰でも可能です。しかし、手先に神経を持ってくることで、ストローク中に下半身や体幹が緩んでしまいます。インパクト前に顔がカップを向いたり、右肩が前に出たりするのがそれです。手を先に出したり、手首をこねたりするミスも発生します。

ヘッドカバーをお腹で固定し、左右にできるだけ速く振るドリルにチャレンジしてみてください。マックスのスピードで振るのがドライバーショットで、ミニマムのスピードがパッティングです。

カップまでの距離に応じて、みぞおちの動

きをコントロールしますが、パターのように重いクラブを、動きを制限してスイングするには、もっとも筋力を要するのです。

方向性と距離感のチェックは眼の使い分けがポイント

パッティングの正確性アップには、眼の使い方が一番の決め手となります。

ルーティーンワークの項目で、ボールの飛球線後方から目標を見る場合は方向を確認し、アドレスした位置からは距離を確認するという話をしましたが、パッティングにおいても同じことが当てはまります。

ストロークの前に素振りを繰り返して、フィーリングをつかんでおきます。ラインに正対する位置で素振りするときは、距離感のことは考えず、ラインのイメージや、ボールを打ち出す方向をしっかり確認します。このときに、ボールのすぐ先にスパットを見つけておくのです。

そして、ボールに近づき、ラインと平行の場所に立ったときは、眼がラインとクロスしますから、ここではもう方向は意識せず、距離感だけを見て素振りします。

ロングパットほど距離感を重視したいので、ラインを斜めの角度から見ながらストロークをリハーサルすると、タッチが合いやすくなります。

アドレスに入るときは、もうカップを見る必要はありません。あらかじめ決めておいたスパットにフェースを真っ直ぐ合わせ、構えを作ったら、距離感のイメージが消えないうちにストロークを済ませましょう。

方向性と距離感をしっかりつかんだら、体幹の捻りでストロークする

あとがき

　クラブを手にすると、どうしても手を先に動かそうとします。ドライバーのように飛距離を出したいクラブから、30センチのパッティングまで手打ちになりやすいところが、ゴルフの難しさでもあります。

　足腰はスイングの要。筋肉量の約75パーセントが足腰に集中しています。なので固定するのではなく、動力と考えて積極的に動かすことを考えるべきです。そうすれば、クラブにエネルギーが伝わり、スイング全体のバランスが整います。

　アメリカのティーチングプロたちは、ヒップターンを盛んに説いていました。アドレスで前傾した骨盤を平行移動し、それに伴って、お尻の鋭い回転と体重移動が生まれます。肩の回転や腕の振りは、腰の動力がもたらす二次的な動作です。ドライバーショットはヒップターンを速くし、アプローチショットなどはヒップターンを遅らせて、距離をコントロールする。本書で私が何度も強調したように下半身先行の動作を心がければ、ドライバーもアプローチも飛躍的にレベルアップします。

ゴルフを始めたばかりの人も、スコアアップに向けてスイングを改造したい人も、手や腕の意識を捨てて、腰に目を向け始めたときから、もう上達が始まっているのです。滑らかなフットワークは、大地からもパワーを貰うことができ、あなたのスイングが大きく開花することでしょう。私のスイング論が、一人でも多くのゴルファーの上達の手助けになることを願ってやみません。

中井　学

■著者

中井 学　（なかい　がく）

1972年（昭和47年）大阪府生まれ。14歳からゴルフを始め、高校３年時に日本ジュニア出場。その後アメリカに留学。シトラスカレッジ（カリフォルニア州）では大学選抜として活躍。永住権を得られず、アメリカでのプロ転向を断念し1997年帰国。2003年よりプロコーチ活動開始。これまでに数多くの選手の初優勝、初シード入りに貢献する。ツアーに帯同する傍ら、2009年より本拠地を東京に移しレッスンを展開。プロ、アマ問わず、多くの悩めるゴルファーの駆け込み寺となっている。著作に『ゴルフ 無駄な知識を捨てる技術』『ゴルフ パットシングルになる！』『ゴルフ 100ydシングルになる！』（池田書店刊）、『スイングイメージは直線』（ベースボール・マガジン社刊）、新聞、雑誌等での連載多数。BSのレギュラー番組出演。
近況等は中井学ホームページhttp://www.nakaigaku.com
ツイッターアカウント@nakaigaku

■編集長	那田時広
■編　集	芥川順哉（ゴルフメカニック編集部） 株式会社菊池企画
■構　成	三代崇
■写　真	富士溪和春
■カバー、本文デザイン	石垣和美（菊池企画）
■ＤＴＰ	福田工芸株式会社
■撮影協力	新武蔵丘ゴルフコース（埼玉県）
■書籍営業	高津利浩、堂前秀隆、中村宣忠、小駒眞人、鈴木幸司
■編集総務	山内ユリコ
■広　報	市川みのり、横瀬みちる、曲渕優子
■宣　伝	志摩和弘
■進　行	藤田昇
■業　務	岡寛之
■印刷所	大日本印刷株式会社
■企画プロデュース	菊池真（shin@kikuchikikaku.co.jp）

腕を振らなきゃゴルフは簡単

平成24年8月10日　初版１刷発行
平成25年3月１日　第２刷発行

発行所：株式会社エンターブレイン
発行人：浜村弘一
編集人：青柳昌行
〒102-8431　東京都千代田区三番町6-1
☎0570･060･555（代表）
発売元：株式会社角川グループパブリッシング
〒102-8177　東京都千代田区富士見2-13-3

本書に関するお問い合わせは、エンターブレイン･カスタマーサポートまで。
カスタマーサポート　☎0570･060･555　受付時間12:00 ～ 17:00 土日祝日を除く
メールでのお問い合わせ　support@ml.enterbrain.co.jp

ISBN978-4-04-728307-7
Printed in Japan.